红色家书

——纸上的纪录片

陈学晶 著

吉林出版集团股份有限公司
全国百佳图书出版单位

图书在版编目（CIP）数据

红色家书：纸上的纪录片 / 陈学晶著 . —— 长春：
吉林出版集团股份有限公司，2020.9
ISBN 978-7-5581-9593-8

Ⅰ．①红… Ⅱ．①陈… Ⅲ．①革命传统教育－中国－
青少年读物 Ⅳ．① D642-49

中国版本图书馆 CIP 数据核字 (2020) 第 249672 号

HONGSE JIASHU　　ZHI SHANG DE JILUPIAN

红色家书——纸上的纪录片

著　　者	陈学晶	
出 版 人	齐　郁	
选题策划	慈国敬	
责任编辑	慈国敬　张婷婷	
装帧设计	张振东	
出　　版	吉林出版集团股份有限公司	
发　　行	吉林出版集团青少年书刊发行有限公司	
地　　址	长春市福祉大路 5788 号（130118）	
电　　话	0431-81629792	
传　　真	0431-81629812	
印　　刷	长春新华印刷集团有限公司	
版　　次	2021 年 1 月第 1 版	
印　　次	2021 年 6 月第 2 次印刷	
字　　数	190 千字	
开　　本	720mm×1000mm 1/16	
印　　张	21	
书　　号	ISBN 978-7-5581-9593-8	
定　　价	42.00 元	

何为纸上的纪录片

2004 年，我有幸参与中央电视台大型文献纪录片《抗战》的撰稿工作，这是一部为纪念中国人民抗日战争胜利和世界反法西斯战争胜利 60 周年而推出的大制作。自 2003 年始，摄制组主创人员走访多地，召集百余位专家研讨创作事宜。据统计，至 2005 年开播之前，12 集的（脚本）文稿共修改不下 50 次，我是在中途加入这个团队的，负责《得道多助》这集的写作。

尽管在此之前，我刚参与完成了 10 集大型电视纪录片《梅兰芳》其中 3 集的撰稿，同期也正在参与 12 集的人文纪录片《故宫》其中 1 集的撰稿工作，对于纪录片撰稿中导演思维的运用以及文字的镜头意识的把握已有一定的经验，但是面对讲述中国 14 年抗战史这一宏阔的历史题材，如何建立起经得起推敲的叙事结构，既容纳重要历史信息，形成内在的主题逻辑，又不乏故事、细节与情感，实在是一次不小的挑战。

至少是在那时候，我觉得我还没有充分做好准备。确切地说，2004年参与《抗战》撰稿，首次接触中国现代史题材令我有些不知所措。然而，2018年，一次偶然的契机让我深受触动，我甚至觉得自己有义务去深耕这段历史，讲述那些撼动人心的往事。

2018年秋天，上小学五年级的女儿要参与北京市"中华美德少年行——家风故事宣讲活动"，在她所搜集的资料中，我注意到一本收录早期无产阶级革命者家信的《红色家书》，顺手翻了一下，结果读得舍不得放下了。

太精彩！20世纪上半叶最有才华的那批年轻人，他们有理想，求进步，珍惜时间，朝气蓬勃；有见地，能吃苦，勇敢，正义，鲜活……他们的私人文字让人热血沸腾乃至涕泪交流，也令人清明并急于收拾自己的精神。他们不愧为时代的精英。

这些曾经鼓舞人心的精神，应该再一次被唤醒，唤醒它的内在力量，让一代又一代的青少年在成长中能够从这份精神遗产中获益。然而，我们如何理解"岁尾年头，最易动人怀抱"这种困于牢狱，抱负不得伸展的生命意志？如何理解那份与母亲真诚交流时的温柔之心——"母亲，儿一气写了这样多，中间自然免不了许多冲撞的话，但是我热情地希望你老人家和家中老少们深深给我以原谅吧"？又如何体会那份面对死亡的坦荡——"安埋的物件宜简单，用一匹白大布裹住我的血体就行"？

　　理解这些家书，读懂这些革命志士，不能仅从字面出发，不能仅从我们个人的体会出发，而是需要更多的学习资源，才能重现家书写作更深广的历史背景。需要史料、照片、档案；需要实物、实地、人物线索；需要亲近者的口述、后人的研究与传记以及照片、纪录片等影像资料……才能复原出真实可感、丰富具体的人物形象。

　　顺着这样一个思路，女儿发现张太雷写给妻子陆静华的信的原件，现被收藏于中央档案馆，又了解到后来这封信曾被张太雷的二女儿带在身上去寻找党组织，而为了安全考虑，信的开头与结尾落款处都被剪掉了。这是一封蕴藏着鲜为人知的故事的家书。把家书的内容与家书实物的流转、人物的线索结合在一起来认识，参加比赛的女儿设计了一个讲述框架，我帮她稍做修改作为演讲底稿。最后，这一现场演讲荣获三等奖。

　　这是一个小小的尝试。也意味着，我们需要将"红色家书"作为一个文学文本、历史文本进行细致导读，让它不再是人物生平介绍与家书原文拼贴的再现方式，而是直接以家书为载体进行生动导读，尽可能调用各种资源进行充分还原，形成纸面上的纪录片。

运用早年为纪录片撰稿的写作经验，那些与重大历史事件、革命运动或者著名人物有关的以及具有重要纪念意义、教育意义或者史料价值的现代重要史迹、实物（博物馆、纪念馆等收藏）、代表性建筑（故居、活动旧址等空间），既可以作为与红色家书文字导读息息相关的载体，又可以从红色家书那里获得与之相关的文字表达和印证。

不过，这些想法也只是一直存留在脑子里，直至吉林出版集团的编辑慈国敬女士提及与此相关的选题，这一切才有可能得以实现。最后成书表现出来的写作形态是：汇总各类资源，以文字诠释文字。这更像是以家书为"公案"，或者说是将家书视为设定好的谜团，借助各种有关资源，探寻"可疑"的细节，通过一步步悬疑体验与迷局揭示，挖掘真相，还原家书作者杰出的一生，尤其是生命中那些重要的时刻，进行美好礼赞。这就是本书中每个人物的主体部分。

本书中每位英雄人物都独立成篇，以前述主体部分前后为界，前面附有人物简介，后面附有两部分，其一为家书原文，保留了写作者的用词，因和现代用法已有不同，某些做了脚注；其二为拓展学习链接，包含故居、纪念馆、旧址、文集、回忆录、纪录片等相关参考资源汇总，供读者进一步阅读、观看、实地考察等，算作抛砖引玉。

在具体的撰写中，每一个人物都有其迷局设立与揭示的独特方式，比如：

对实物进行勘察。当人们在陶然亭公园拜谒高君宇墓时，可能并不知道它的墓碑为重建，原碑早已斑驳受损，陈列于附近的慈悲庵"高君宇夫妇事迹展室"。而慈悲庵里的原碑与现在重修的高石墓互为呼应，仿佛又形成了一则关于五四运动精神生生不息的宣言。因为，高君宇曾处于五四运动的核心地带，他是五四运动的直接领导者与参与人；而在五四运动以后，慈悲庵又是李大钊、毛泽东、周恩来等老一辈革命家开展革命活动的地方。

将家书文字与实地互证。刘愿庵1930年在给妻子的遗书中记述了自己被捕时的情景，"销毁文件，与警察殴斗"，被他们"殴伤了眼睛，并按在地下毒打了一顿"。这是一起导致中共四川省委遭到大破坏的惨痛事件，发生于重庆"浩池街"。如今"浩池街"之名在地理上已消失，但我们可以寻到1925年重庆第一张用现代测绘手段编制的地图《新测重庆城全图》与1937年元旦《国民公报》

作为"新年礼品"赠阅订户的《重庆市街道图》，从中可以看到历史上"浩池街"的具体位置。

将家书文字与所作文章互证。邓中夏在 1933 年写给妻子李夏明的信中说："衣物按寒暑另送，为切合你的牢狱生活，我当托他们买暗色的布料做好送来。""暗色的布料"与"牢狱生活"相配，这里不经意流露了邓中夏精细的审美知觉。查阅《邓中夏文集》，邓中夏 1920 年 11 月 19 日在《长辛店一日旅行记》中曾记载卢沟桥一景如何引起了自己的"画兴"——"可惜当时没有带写生器具"，随着车子愈走愈远，"愈惦记"。这说明邓中夏早期是受过专业审美训练的。

将家书文字与个体回忆互证。车耀先 1939 年 7 月写给女儿的信中开篇没有问候，只有严峻的局势——"抗战又踏上较严重的阶段"，以及告知女儿的应对方法——"在此时期，宜表面沉寂，充实自己"。时局到底有多严重？其实，此前不久刚发生了骇人听闻的六一一惨案。1939 年 6 月 11 日，日军空袭成都 1 小时左右，进行了"无差别轰炸"，是 1939 年成都遭受日机空袭以来最惨烈的一次。从档案史料及杨锡民等人写的《抗日时期成都遭受敌机轰炸惨状的回忆》中可知——"疯狂投弹，爆声如雷，黑烟冲天"，焚烧民房之多，伤亡之惨，都是空前的。

　　探寻家书作为一个物质载体所传递的隐喻色彩。熊亨瀚的绝命遗言与自挽联都写在"武汉卫戍司令部专用笺"上。这一笺纸设计主体为红栏格，抬头上有孙中山先生的肖像，并有"总理遗嘱"字样及遗嘱全文。专用笺左右边际处，右示：革命尚未成功，左示：同志仍需努力。专用笺的红色与熊亨瀚的墨迹相叠，仿佛在抒发着国共合作的共同追求，然而国共合作随着孙中山的过早去世而逐渐破裂，熊亨瀚的牺牲就是以汪精卫为代表的武汉国民政府"清党"的结果。

　　在围绕家书而展开的纪录片式的复原写作中，历史像一大块不断拓展边际的立体拼图，构建了越来越密集的人物关系网络，呈现出了鲜活的空间图景、时间脉络，人物在其间穿梭。这些 20 世纪上半叶最富才华的时代精英，用自己的生命与鲜血书写了更广阔、更深邃的历史。对我而言，冥冥之中这一次的写作经历激活了十几年前接触到的历史题材，在细密的往事中，英雄传递着不朽的人性之光，使人获得精神上的洗礼。

　　习近平总书记说："革命理想高于天。中国共产党之所以叫共产党，就是因为从成立之日起我们党就把共产主义确立为远大理想。我们党之所以能够经受一次次挫折而又一次次奋起，归根到底是因为我们党有远大理想和崇高追求。"

正如《共产党宣言》所强调的那样，共产党人"没有任何同整个无产阶级的利益不同的利益"；共产主义革命要同"传统的所有制关系"和"传统的观念"实行"最彻底的决裂"，最终，"代替那存在着阶级和阶级对立的资产阶级旧社会的，将是这样一个联合体，在那里，每个人的自由发展是一切人的自由发展的条件"。

站在历史的长河里，让我们回望20世纪上半叶风云变幻的现代中国，愿那些要紧的知识、精进的思想、细腻的温情，一直能在我们当下的生活中富有活力；愿那种动人心魄的壮志，无所畏惧的勇气，舍生取义的豪情，赋予我们活着的智慧，自强不息，止于至善。

陈学晶

2020 年 6 月 1 日于北京渊集书店

目 录

熊亨瀚：

男儿国是家

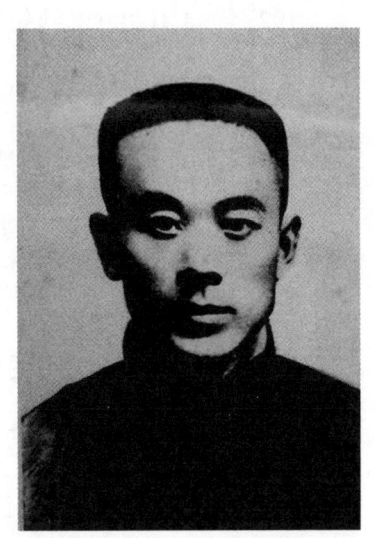

　　熊亨瀚（1894—1928），湖南桃江人。早年参加过辛亥革命。1926年加入中国共产党。大革命时期曾担任国民党湖南省党部执行委员会常委兼青年部部长、湖南通俗日报馆馆长，是湖南反帝大同盟、湖南省青沪惨案雪耻会、湖南人民反英讨吴（佩孚）委员会等革命群众组织的负责人之一。1928年11月7日被国民党反动派逮捕，28日英勇就义。熊亨瀚擅长诗词，作数十首革命诗篇，大部分被编入萧三主编的《革命烈士诗抄》。

1928年11月28日，执行反动政策的湖南清乡督办署收到一封电报，发自冯玉祥将军，欲营救被捕的共产党人熊亨瀚，然而就在1个小时前，长沙市浏阳门外识字岭上，熊亨瀚已英勇就义，时年34岁。

21天前，熊亨瀚在武汉鹦鹉洲被国民党武汉卫戍司令部密探逮捕，入狱后被提审4次，倍受酷刑折磨，但他"坚不吐实，绝未供出同伙"。在狱中，熊亨瀚自料必遭反动派杀害，于是索来纸笔，给妻子写了绝命遗言，为自己写了70字的挽联，做好了赴死的准备。

两份文字均写在"武汉卫戍司令部专用笺"上，绝命遗言每页写满，有两页余；自挽联写于单页笺纸正中，背景里隐约浮现着笺纸的红色调子，主体为红栏格，抬头上有孙中山先生的肖像，并印有"总理遗嘱"字样及遗嘱全文，专用笺左右边际处，右示：革命尚未成功，左示：同志仍须努力。

专用笺的红色与熊亨瀚的墨迹相叠，仿佛在抒发着国共合作的共同追求，然而国共合作随着孙中山先生去世早已破裂，汪精卫和武汉国民政府背叛了孙中山"天下为公，世界大同"与"联俄、联共、扶助农工"的三大政策和远大理念，"清党"开始了。

反动派不明白，共产党不是一个人，而是一种信仰，信仰是"清"

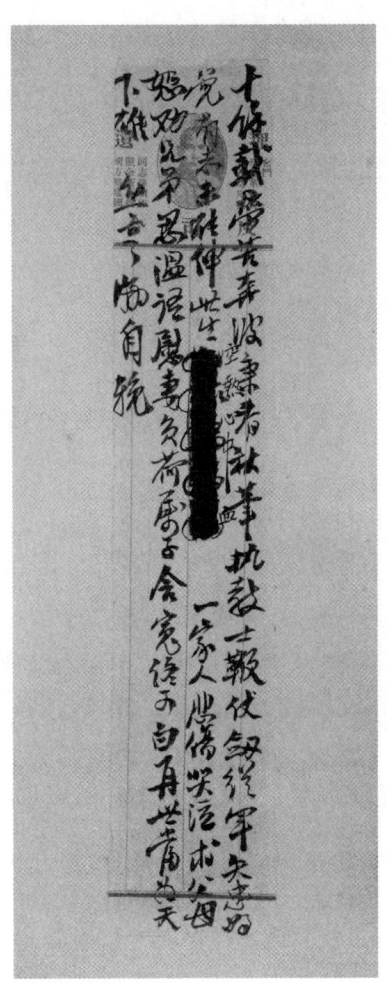

▲熊亨瀚烈士自挽联

不掉的，它能"矢忠"，能"热心中血"，它能"再世"。熊亨瀚的自挽联写道："十余载劳苦奔波，秉春秋笔，执教士鞭，仗剑从军，矢忠为党，有志未能伸，此生空热心中血。一家人悲伤哭泣，求父母恕，劝兄弟忍，温语慰妻，负荷嘱子，含冤终可白，再世当为天下雄。"

这就是熊亨瀚为信仰而奋斗的一生，短暂而光辉。

★

仗剑，快意一生

熊亨瀚，1894 年 11 月 16 日出生于湖南省益阳县大栗港镇五羊坪（今属桃江县），父亲熊浩元是秀才，在私塾和小学教书，秉性刚直，热心教育，有远见。受父亲影响，熊亨瀚从小胸怀大志，关心国事。1910 年春，15 岁的他写下《临洞庭》一诗，少年心中潜藏的伟大理想，恍如"巨鲸"："洞庭春水阔，天地一舟轻。借问垂纶者，谁能钓巨鲸？"

如果说 34 岁时熊亨瀚为理想而视死如归，坦然自若，那么早在 12 年前他已经触碰到生死问题，并且给出了答案。辛亥革命爆发后，17 岁的熊亨瀚报名参加了湖南学生援鄂军敢死队，誓师出发之际，年龄最小的他登台演说，表达"敢死的决心"："义师无敌，胜利在望。革命的成败，民族的存亡，有重于个人的生命。我们应以敢死的决心，巩固武昌起义的胜利，赢得中华民族的新生，我们死亦无悔，虽死犹生！"

援鄂敢死队的行动极大地激发了熊亨瀚的家国情怀，让他自觉担负起"男儿急国仇"的使命。1912年2月，熊亨瀚同敢死队员由武汉返回长沙，他在《过岳阳》一诗中写道："风雨暗神州，男儿急国仇。哪里诗酒兴，吟醉岳阳楼。"

1913年7月，熊亨瀚流亡日本。"碧海路迢遥"，与祖国在空间距离上越远，越是让他感到自己不能袖手旁观，让他开始思考"谁能掣巨鳌"？他感到个人与国家民族的命运生死相依，"大业赖吾曹"。他的诗《东渡》真实地记录了自己赴日途中的感受。

1921年9月，熊亨瀚同时收到了湘西驻军司令部和育才中学的聘任书。熊亨瀚一向把办教育当成是开发民智、改造社会的必要途径，无论是1916年在北京做《真共和报》编辑，1919年赴上海筹办《求实》，还是在家乡出版《资江》杂志，都是在宣传新文化，引领教育，所以他毫不犹豫地前往育才中学任教，并写下对联自勉："读万卷书，还须行万里路；享百年寿，何如作百世师。"

从此，他把全部精力投入教学工作，很快成为长沙教育界的活跃人士。他针砭时弊，传播新思想，鼓励学生积极投身于新民主主义革命的洪流，"须振国魂"，要"敢抛热血"。这是熊亨瀚在《示弟》

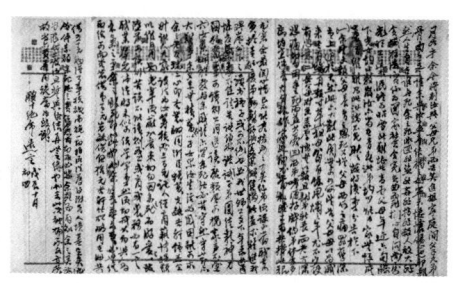

▲ 熊亨瀚烈士绝命遗书

中所表露的对革命青年的殷切期望："读书岂是抬身价，学剑须当振国魂。碧血已教天地老，敢抛热血洗乾坤。"

在学校培养革命青年，抓青年教育的同时，熊亨瀚非常关注社会舆论的导向。1924—1927 年大革命时期，熊亨瀚曾担任国民党湖南省党部执行委员会常委兼青年部部长、湖南通俗日报馆馆长，是湖南反帝大同盟、湖南省青沪惨案雪耻会、湖南人民反英讨吴委员会等革命群众组织的负责人之一。

1926 年春，熊亨瀚加入中国共产党，作《长沙百首》，表达为信仰而奉献的坚定决心："九曲是黄河，长江曲亦多。终将入东海，挥剑斩鼋鼍。"

为了声讨蒋介石发动的四一二反革命政变，党组织在长沙召开了示威反蒋大会，参加集会的达到 20 万人，熊亨瀚发表了慷慨激昂的演说："我们要打倒帝国主义，必先瞄准敌人，打倒蒋介石。不把蒋介石除掉，革命则难成功。其蒋介石在湘余孽，尤应肃清。如反对共产党者，反对农工运动者，均是蒋之余孽，要将他们打倒。"熊亨瀚因坚定的共产党人斗志、明确的农民运动立场，在湖南"马日事变"之后，遭到国民党湖南反动当局的通缉，被迫流亡两湖和江西地区。其间他还写下了百余首述怀明志的诗。"忧国耻为睁眼瞎，挺身甘上断头台。一舟风雨寻常事，曾自枪林闯阵来。"（《亡命彭泽》）"大地春如海，男儿国是家。龙灯花鼓夜，长剑走天涯。"（《客中过上元节》）

这位仗剑侠士，"蹈火归来又赴汤，只身亡命是家常"。反动军阀何键说："熊亨瀚三个字就是罪证，不必更问，枪决就是。"熊亨瀚舍生取义，"热血也如潮涌，时时滚滚滔滔"。

★

为人，深情一生

因全心投入革命事业，熊亨瀚与妻子詹月如（后名詹石兰）聚少离多。虽有"一枕柔情一夕欢"，但在"暴雨惊雷残梦碎"的情形下，熊亨瀚毅然决然选择"先支大厦庇人寒"（《示妻》）。

在赴死之际，熊亨瀚明白自己的价值所在，其言辞铿锵——"余之死，非匪非盗，非淫非拐，非杀人放火，非贪赃枉法"；更掷地从容——

"实系为国家社会，为工农群众，含冤负屈而死"。他追思与妻子"十五年结婚之好"，与父子兄弟"骨肉手足之情"，还是"凄怆伤心"，放心不下，心有牵挂，所谓"不免耿耿"。

但他的情感不是仅停留于易感的层面，而是源自非常实在的忧心：父母年纪大了，"高堂父母，年近六旬"；自己的兄弟还不足以承担家庭事务，"诸弟均少能力"；妻子"尚在青春"却要面对失去丈夫的痛苦；孩子还尚未成人，但是养育恐怕有难处了，"而家无恒产，养育艰难"。

所以，他一样一样地交代，把自己的这份情感转化为具体的行动指导。对于父母、祖母、岳父等长辈，特别交代他们不要忧悲，他明白伤心过度会让上年纪的人身体变差。他希望父母"毋以为戚"，祖母更不宜"有悲意"。考虑到岳父母刚失去一个儿子，正在悲痛之中，他叮嘱他们不能再因为自己的死而增加忧愁了。

熊家需要由两个弟弟共同支撑起来，他了解两个弟弟，一个"嗜酒好牌"，一个"体弱多病"，他鼓励他们振作起来，为父母分忧。

对于妻子，熊亨瀚从情感的角度认为她一定会为自己"守节"，但是他也把现实的难处一一分析给她看，"素无积蓄"，还有子女拖累，怎么办呢？日用方面去找"余之老友"，同时"切不可以为深悲"。

妻子还有一个重要的任务，就是教导孩子长大成人，熊亨瀚懂人之常情，告诫"切勿因余之死而溺爱之"，反倒"须严加管束"。每个孩子的根器、个性不同，选择也不同，但选择了就要尽力，"可读，则苦读；不可读，则或工或农或商，务必有一定职业"。而对于体格健壮的儿子"荣儿"，他判断也许"可使学军，以继吾志"，但也意识到，军人容易与人起意气之争，需要立大志，那就是"救国之愿"。

将所有记挂的事情交代完毕后，想到自己的后事处理也需要一笔钱，即"丧葬各费"，熊亨瀚又告知可以从哪里借钱，"勉强了事"即可，"一切均须从薄"。

最后，他既是对家人，也是对所有帮助过他的人致以谢意，"此次被捕，承各方垂念，当为致谢"。谦谦君子，潇洒从容，天地为之悲戚。

附：家书一封

月如[1]乎：

余将别汝与父母兄弟去矣。追思家庭间父子兄弟骨肉手足之情，暨与汝十五年结婚之好，宁不凄怆伤心也耶？虽然人生自古谁无死，余之死，非匪非盗，非淫非拐，非杀人放火，非贪赃枉法，实系为国家社会，为工农群众，含冤负屈而死。扪心自问，尚属光明，公道未泯，终可昭雪。所难甚者，高堂父母，年近六旬，膝下儿女，均只数岁，汝亦尚在青春，诸弟均少能力，家无恒产，养育艰难。凡此诸端，不免耿耿。兹将后事，分告于下：

（一）余生未报父母养育之恩，死又增父母西河之痛，罪孽深重，上通行天。然此时亦无可如何。望告父母，毋以为戚，倘来生有缘，再报寸草。祖母八旬有余，风烛之年，尤不宜使有悲意。

（二）岳父母对余素厚，愧无以报，且龙弟新丧，两老方深悲痛，切勿因余之死而益其忧。

[1] 熊亨瀚的妻子，后名詹石兰。

（三）西弟嗜酒好牌，伯弟体弱多病，均宜保养，尤宜振作。家庭间，当和睦一气，共撑困局，以分父母之忧。

（四）余与汝感情甚深，余死汝必欲苦守。然守节，亦大难事。余又素无积蓄，今以子女累汝，生活必感困难，可求余之老友设法以维日用。余死，汝之责任更大，切不可以为深悲。

（五）儿辈须严加管束，切勿因余之死而溺爱之，以致堕落。可读，则苦读；不可读，则或工或农或商，务必有一定职业。荣儿体强，将来似可使学军，以继吾志。然须切戒其与人为意气之争，夙励救国之愿。

（六）余之丧葬各费，必无从取给，可向杏农、先毓处借钱，免（勉）强了事。扶榇南旋，一切均须从薄，得附先人坟墓足矣。

（七）此次被捕，承各方营救，当亦费劲周旋，当为致谢。

亨瀚绝命遗书

戊辰十月初四

附：相关链接

1. 熊亨瀚墓

1928 年 11 月 28 日，熊亨瀚在长沙遇害。12 月 19 日，师友将其遗体运回家乡安葬。墓冢占地 120 平方米，下有长方形台阶，墓围建矮墙装铁门，墓道进门石柱上置石狮。墓坐北朝南，墓冢长 3.5 米，宽 2.5 米，高 1.5 米，用水泥覆顶，墓前竖花岗岩石碑 1 块，镌刻"革命烈士熊亨瀚墓"。冢后有大墓碑 1 块，高 2.8 米，两侧有联曰："发轫忆当年，洞庭月汉口风长剑走天涯，功垂九域春如海；举头思志士，睢阳齿常山舌丹心昭宇内，血溅三湘鬼亦雄。"1992 年其妻詹石兰去世后，家人将他们合葬于此。

2. 熊亨瀚自挽联

十余载劳苦奔波，秉春秋笔，执教士鞭，仗剑从军，矢忠为党，有志未能伸，此生空热心中血；

一家人悲伤哭泣，求父母恕，劝兄弟忍，温语慰妻，负荷嘱子，含冤终可白，再世当为天下雄。

3. 熊亨瀚诗作节选

风雨暗神州，男儿急国仇。哪里诗酒兴，吟醉岳阳楼。

——《过岳阳》

碧海路迢遥，谁能掣巨鳌？扬帆辞汉月，击楫震天骄。卫霍声威壮，孙吴策划高。昔人长已矣，大业赖吾曹。

——《东渡》

读书岂是抬身价，学剑须当振国魂。碧血已教天地老，敢抛热血洗乾坤。

——《示弟》

忧国耻为睁眼瞎，挺身甘上断头台。一舟风雨寻常事，曾自枪林闯阵来。

——《亡命彭泽》

大地春如海，男儿国是家。龙灯花鼓夜，长剑走天涯。

——《客中过上元节》

邓中夏：

牢狱是极好的研究室

　　邓中夏（1894—1933），字仲澥，又名邓康，湖南宜章人，中共第二、第五届中央执行委员、中国无产阶级革命家、早期工人运动领导人。1917年入北京大学国文门学习。1920年参加北京的中国共产党早期组织。1923年参与创办上海大学，任教务长。后任全国总工会秘书长、宣传部部长，参与组织领导省港大罢工。大革命失败后，参加党的八七会议，任临时中央政治局候补委员。1928年赴莫斯科，任中华全国总工会驻赤色职工国际代表。1930年回国后被任命为中央代表赴湘鄂西根据地，任湘鄂西特委书记、红二军团（后改为红三军）政委、前敌委员会书记、中央革命军事委员会委员。1932年到上海任全国赤色互济总会主任兼党团书记，1933被捕牺牲。

1933 年 5 月，蒋介石亲下手令，花现洋 1 万元买通法租界官吏，引渡了一位来上海访友的湖南教员，名叫施义。

现洋 1 万元究竟是多少钱？20 世纪 30 年代，一份报纸售价 3 分，一部《呐喊》售价 7 角，一位日本纱厂的工人月工资是 7 元，1 万现洋可以供普通人花一辈子！值 1 万现洋的施义是谁？蒋介石为何花如此高价引渡此人？

此人 5 年前在香港被英国警察逮捕，在刑讯期间，只说自己姓葛，是从上海来香港做生意的商人。他留着长发，蓄着胡子，穿着青布大褂，确实像个商人的样子。当时周恩来聘请一位著名的英国大律师为此人辩护，迫使香港当局在没有掌握任何"罪证"的情况下放了人。

这个受周恩来营救，被蒋介石重金引渡的人就是著名工人运动领袖邓中夏。1933 年 5 月 15 日，他去找互济总会援救部部长林素琴商谈工作时，遭到法租界巡捕的逮捕。邓中夏被捕后，敌人并不知道他的真实身份，只是怀疑他是林素琴的上级，是共产党的一个重要干部，便将他打得遍体鳞伤。不料，林素琴被引渡到上海警察局，向国民党当局供出化名"施义"的人就是邓中夏。随即，邓中夏被引渡到上海警察局，紧接着又被押往南京宪兵司令部看守所。

1933 年 9 月 21 日黎明，在雨花台刑场，邓中夏高呼着"打倒国民党反动派！""中国共产党万岁！"的口号，为共产主义事业英勇地献出了自己宝贵的生命。牺牲时，年仅 39 岁。

★

长辛店：为劳动者发声

1917 年，邓中夏入北京大学国文门学习，其间结识了任北京大学经济、历史等系教授兼北大图书馆主任的李大钊，学习并接受了先进的马克思主义思想，成为北京大学马克思学说研究会的骨干成员。邓中夏于 1920 年 10 月发起成立北京共产党早期组织，开始筹建中国共产党。

1921 年初，邓中夏创办长辛店劳动补习学校，11 月出版进步刊物《劳动音》，在工人群众中宣传马克思主义，让劳苦大众理解劳动者和非劳动者的区别，肯定劳动者创造价值的能力：

"有一种最不好的现象。什么呢？就是有一种不从事劳动的人——如官吏、政客、军人、资本家、教士、警察等，他们都不去劳动，不去从事有益于人生的生产事业，专在社会上做寄生虫，把我们真正的劳动同胞所生产出来的东西，用强力来侵占了去，供他们的生活，供

▲《劳动音》第一期

他们的快乐……"

他为工人阶级说出心里的不平：

"唉！世上那里有这样便宜，这样没道理，这样不公平的事情，我们辛辛苦苦的做来，他们安安乐乐的拿去，使我们生活困难，朝不保夕，父母妻子，不能饱暖。"

最后，他给出切实可行的方法：

"我们既要排斥那班不劳动而食的人，以维持我们真正劳动同胞的生活，那末，我们不可不有充足的智识和善良的方法，做我们排斥他们的利器，阶级战争的工具，所以我们出版这个《劳动音》，来阐明真理，增进一般劳动同胞的智识，研究些方法，以指导一般劳动同胞的进行。"

邓中夏积极投身于长辛店补习学校的建设，从招生、课程设计到财务预算等，诸多细致工作都亲力亲为。为此，他失去了胡适推荐的到欧美留学深造的机会，也拒绝了父亲在农商部为他谋到的美差，他始终践行着"不当官，要做公仆"的诺言，为工人阶级谋利益，促进马克思主义与中国工人运动相结合。

在邓中夏的努力下，共产主义者领导的中国工人运动掀开了第一幕。中共一大以后，邓中夏负责全国职工运动，当选为中国劳动组合书记部主任，并于7月将书记部迁往北京。

★

上海大学：为青年引路

1923年二七惨案发生后，设在北京的中国劳动组合书记部被查封，邓中夏与其他同志被通缉。按照党组织的安排，他随中国劳动组合书记部迁往上海，并被派到上海大学工作。

邓中夏到上海大学后，曾改名邓安石，意思是要学王安石锐意革新的精神，把上海大学办好。他首先确定以"养成建国人才，促进文化事业"为上海大学的办学方针，然后以果断的措施革新教师队伍，聘请蔡和森、恽代英、瞿秋白、张太雷、任弼时、李达、沈雁冰、萧楚女、李立三、陈望道、郑振铎、丰子恺等有名的党内外专家和学者来校任教。

▲上海大学西摩路校址（今陕西北路342弄）

　　沈雁冰讲授外国文学，蔡和森讲授社会进化史，俞平伯讲授宋词，张太雷讲授苏俄革命问题，萧楚女讲授中国农民问题，恽代英讲授中国政治经济状况等，他们的课引人入胜，很受学生欢迎。

　　邓中夏还强调学生要"读活的书"，要走向社会，参加工人运动、妇女运动，把学到的革命理论、科学文化知识和当前的革命斗争结合起来。在他的主持下，上海大学成了培养革命人才的红色大学。

　　当时，有一部分青年醉心于当所谓"艺术至上""爱情至上"的"新诗人"，对革命斗争漠不关心。邓中夏针对这种错误倾向，在《中国青年》第7期和第10期上发表了《新诗人的棒喝》《贡献于新诗人之前》两篇评论文章。他要求一些青年诗人："第一，须多做表现民族伟大精神的作品"；"第二，须多描写社会实际生活的作品"；"第三，新诗人须从革命中的实际活动"，以"抬高民族地位，鼓励人民奋斗，使人民有为国效死的精神"。

这是他之前心路历程的总结，是实实在在的从实践到理论的总结——文艺要有"社会实际生活"的渗透，要有"实际活动"。

1920 年 11 月 19 日，邓中夏在《长辛店一日旅行记》中写道："车过永定河，我望芦沟桥在晨曦的底下，趁着一座破塌的古城，有两三杆布帘随风飘摇，刹是好看，真一幅绝好的天然图画。那时就引起了我的画兴，我的手就痒了，可惜当时没有带写生器具去，且不在芦沟桥停，所以不能画。车愈走愈远，我的心愈记着他。车到了长辛店，而芦沟桥的风景，还在我的心头。"

这是一个艺术家的眼光和心境，然而，这种易感的能力只有扩展为普遍的人道主义关怀，才拥有了厚重的生命底色：

"在长辛店下车的时候，我见了许多灾民——男女老幼的麇聚在站边的地方。那种憔悴枯黄的面色，千孔百结的衣服触在我的眼内，我的心就感着不快，表出一种痛苦的同情，不知在车上的那一种谈笑快乐心和画画的兴趣，飞跑往那里去了，光觉得心中难受，好比我也在饥饿困苦中。"

★

牢狱：极好的研究室

邓中夏被捕后，在监狱中始终坚持共产主义信仰，没有丝毫动摇，他对曾在湘鄂西苏区共过事的难友郑绍文说："我就是邓中夏，'施义'是我被捕的化名，由于败家子的出卖，我的身份早已暴露了。"当郑绍文根据陶铸的意见，当着难友的面问他的政治态度如何时，他坚定不移地回答："好！问得好！同志们应该关心我的政治态度。请你告诉同志们，我邓中夏化成灰，也还是共产党人！"他的态度极大地鼓舞了狱中的同志们。

国民党当局精心设计的"攻心方案"无一不被邓中夏击溃。前来劝降的叛徒还没开口，就被邓中夏怒骂得灰溜溜地走了；前来劝说的国民党中央委员声称要与邓中夏谈理论，在两三个小时的争辩中，这位委员被批驳得瞠目结舌。最后，邓中夏对这人说："请你转告你们的中央委员会，假如你们认为自己有理，我邓中夏有罪，那就请你们在南京公开审判我。我可以与你们订一个君子协定：你们全体中央委员都可以出席；我嘛，连辩护律师也不要。最后谁情亏理输，便要自动向对方投降。"他还说："我量你们的蒋委员长第一个就不敢这样做！"

攻心术与严刑并施，也没有让邓中夏屈服。在一次审判中，军法官已经歇斯底里："难道你就不想出去，就不想获得自由？！"邓中夏轻蔑地答道："我看你们在南京坐不了10年！"牢狱的墙面上有他留下的10个大字："但看十年后，红花遍地开。"他给党中央留下一封信："同志们，我要到雨花台去了，你们继续奋斗吧！最后胜利终究是属于我们的！"

在牢狱中，邓中夏也没有忘记自己作为一个共产主义者的使命，在与叛徒的对峙中，在与反动派的激烈交锋中，一次次地传播自己的革命信念，他把牢狱当成了极好的研究室，这也是在被捕前几天他写给在狱中的妻子的信中提到的观点。

"牢狱是极好的研究室"，邓中夏在给妻子李夏明的信中写道，"每天应常学习不可偷懒""你既然和朱姐住在一块，是学英文的极好机会，切不可放过""我已把英文津逮和英文字典送来，这样学下去，等到你出来，一定可以把英文学好呢！我打算还替你选购一批书籍寄来""每天读书，又可以消却寂寞烦恼。"

对于自己，邓中夏说"我很好，你嘱咐我的话，我当时时记在心头"。1936年，经组织营救，李夏明出狱，而这时离邓中夏英勇就义已经过去3年了。

邓中夏在信里还说："为切合你的牢狱生活，我当托他们买暗色的布料做好送来。"将"暗色的布料"赋予"牢狱生活",这种对色彩的敏锐感受,让我们回忆起当年邓中夏面对卢沟桥美景时按捺不住想作画的冲动,他真像一位艺术家。当然,我们也不会忘记他随后的瞬间变化,饥民"憔悴枯黄的面色"涌现在他眼前,他"光觉着心中难受",好比"自己也在饥饿困苦之中",这时,他艺术的眼光已经转化为人道主义心肠了,他已觉醒为一位革命家。也许,只有当我们留心邓中夏内在变化的诸多细节,我们才更能理解他后来的所作所为,以及他一生追求无产阶级解放的执着之心。

附：家书一封

写给狱中妻子的信，1932 年 5 月。

妹妹 [1]：

你四月廿七的信，我收到了，自从你入狱之后，到现在，整整半年了，我没有接到你半个字，今天得到这封信，你想我是多么喜悦呵！我前后写了四封信，据说有一封你是收到的，大概是去年阴历年底罢：每逢廿七我都托一位友人来看你，据说只有一次见着你，那时你恰在病中，后有几次则因另有人看你，她看不到你了，信和东西送不进去，从此就杳无消息，我多么的挂心呵！好！现在弄清楚了，多谢乐家兄嫂常来看你，我放心了，以后一切东西都请他家代送，我一定照你的话办。是否可能：每逢一、四、七都可送食物给你？这样：食物虽少，常送总比较好，新鲜些。妹妹有可能吗？请告我，每逢一、四、七送东西，则一月可以送十二回，每次送的东西以那几样为最合式？我经济虽困难，每月五元是出得起的。衣

[1] 邓中夏的妻子李夏明，曾用名李瑛，李启汉的妹妹。1932 年被捕，1936 年被组织营救出狱。

物按寒暑另送，为切合你的牢狱生活，我当托他们买暗色的布料做好送来。妹妹你既然和朱姐住在一块，是学英文的极好机会，切不可放过。每天应常学习不可偷懒，我已把英文津逮和英文字典送来，这样学下去，等到你出来，一定可以把英文学好呢！我打算还替你选购一批书籍寄来，你要知道：牢狱是极好的研究室呀！每天读书，又可以消却寂寞烦恼！我很好，你嘱咐我的话，我当时时记在心头。最不幸是平儿和宝姐[1]都病了，都进了医院，家中生病的近来很多，最痛心的是族里的败家子如像云成等，他们狂嫖浪赌，向家里吵闹。也好，这些败家之子，赶出去也好，家道可以兴旺。妹妹！父前知道你的消息吗？你没有写信回家吗？如父母不知道，还是不告知他们的好，如已知道，我写信去。朱姊的家中平安吗？可告知我，以便商议对于你们的问题，慧妹是不是仍在同德念书？亦请告我知，我有不少的话要说，有机会再谈罢！即此祝你的健康！

哥哥书

---

[1] 即何宝珍，刘少奇的革命伴侣，1923 年春加入中国共产党，1933 年 3 月在上海被捕，翌年在南京雨花台壮烈牺牲。

附：相关链接

1. 邓中夏故居

　　邓中夏故居位于湖南省郴州市宜章县太平里乡邓家湾村。屋前是卵石铺成的小坪，坪前有一条小溪。青石条筑成的故居大门槛，左右有两个石墩，高50cm，门额上尚有一弧形青石过梁，石上有浮雕，为"龙凤呈祥"图案。故居始建于晚清，砖木结构，青砖青瓦，为一进三间，硬门顶，中间为厅，两边为厢房，正房的右侧有一三角形的小房，以作杂房。现有建筑为典型的湘南农居格调青砖白线的四房三间两层瓦房，建筑面积132.9平方米。前厅右厢房为邓中夏父母卧房，左厢房为邓中夏叔、婶的卧房，厅后右厢房是邓中夏哥、嫂的卧房，厅后左厢房便是邓中夏的卧房。房间有他睡过的雕花大床，用过的桌、凳、箱、笼。

2. 中夏公园

中夏公园是为纪念邓中夏同志诞辰100周年而修建的。公园占地面积约3.33万平方米，建成了公园广场、公园牌楼、陵园配房、陵园台阶、纪念广场等主要项目。陵园台阶共139级，底部39级，寓意邓中夏同志享年39岁，10层100级台阶象征邓中夏诞辰100周年。邓中夏铜像屹立在纪念广场中央，铜像高3.9米。

3.《邓中夏全集》（上中下册），人民文学出版社，2014年6月。

本书以人民文学出版社1983年出版的《邓中夏文集》为基础，扩充、编辑整理而成。全书以时间为序，汇编了邓中夏1912—1933年的文稿，还有诗歌、杂文、传记、信函、工作文稿等，包含邓中夏年谱、曾用名、居住地等相关附录。

车耀先：
宜表面沉寂，充实自己

　　车耀先（1894—1946），四川大邑人，中国共产党优秀党员。早年投身川军，曾任团长等职，亲身经历了军阀混战，痛恨民不聊生的社会现实。1929 年加入中国共产党，创办《大声》周刊，宣传抗日，是成都抗日救亡运动的领导人。1940 年 3 月在国民党特务制造的"抢米事件"中被捕，被关押于贵州息烽、重庆渣滓洞等地。1946 年 8 月与中共四川临时工作委员会书记罗世文同时殉难于重庆歌乐山松林坡。

1939 年 6 月 11 日晚 19 点 50 分，日本海军第 1 联队、空军第 13 航空队派出轰炸机和战斗机共 27 架从湖北出发，经奉节、达县、新都侵入成都上空。日机空袭成都 1 小时左右，进行了以屠杀平民为目标的"无差别轰炸"。这是 1939 年成都遭受日机空袭最惨烈的一次，日寇"疯狂投弹，爆声如雷，黑烟冲天"，焚烧民房之多，伤亡之众，都是空前的。这便是骇人听闻的六一一惨案。

遭日机轰炸后，车耀先的女儿车崇英就读的成都协进高中迁往 60 里外的新繁，那时候，车崇英已经加入了中国共产党，积极投身抗日宣传，但工作进展很不顺利，时遭捣乱，她内心苦恼，因此萌生了去延安的想法。车耀先在写给女儿的信中给她分析目前的形势，并建议她该如何行动。

车耀先告诉女儿现在的不顺利是"专门有人制造摩擦，扩大摩擦"，是投降派借着反共口号来掩饰自己投降的企图，认清了这一点，就要潜伏起来，"宜表面沉寂，充实自己"，充实自己就是长自己的本事，增加自身的实力。

他鼓励女儿，赞扬她的诗"是进步了"，"但有些字句欠熟练"，并帮着她修改，最后在《新民报》上登出。另外，他从自己所受的局

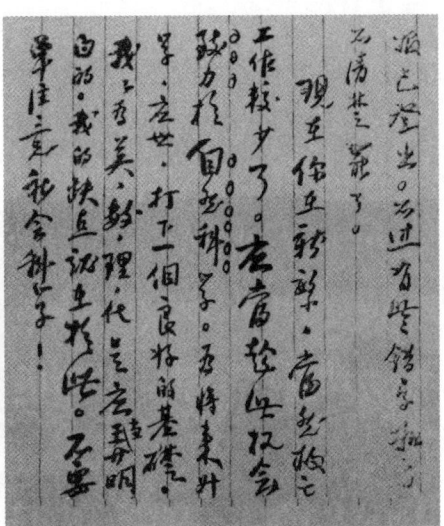

▲ 日军轰炸机空袭后的成都　　▲ 1939 年 7 月车耀先写给女儿车崇英的信

限来总结经验，建议女儿在注意社会科学之外，也要"趁此机会致力于自然科学""为将来升学、应世，打下一个良好的基础"。

作为父亲，车耀先处事不惊，随机应变，让"难作于易，大作于细"，这也是他从自己的亲身经历中汲取的人生经验。"出身劳碌，磨折极多"，他就是跌跌撞撞摸索着过来的，因此尤其能够理解青年人在寻找、选择人生道路时所遭遇的挫折、困惑与迷茫，也愿意为他们的成长助一臂之力。他不仅帮助自己的子女，也帮助他周围的年轻人。

★

《自誓诗》：寻求真理

现在，无论是在重庆渣滓洞，还是在四川大邑县悦来镇镇口，我们都能看到车耀先烈士的雕像。雕像拄着手杖，这不是因为车耀先的年纪大了，而是因为他的左脚跛了。

车耀先早年投身川军，在简阳贾家场的一次激战中，子弹从他的颅骨穿过，弹片与碎骨伤及脑膜引发感染，后伤势虽痊愈，却因碎骨压迫神经，他的左脚落下终身残疾。那时候车耀先正年轻，正在求索着更明确的人生方向，这次受伤让他清醒地认识到："我的头部是为军阀们争洋房、争小老婆才受伤的。"

1927年，第一次国共合作破裂，重庆爆发了震惊全国的三三一惨案，反动军阀大肆屠杀共产党人和爱国群众。次年，逐渐觉悟的车耀先愤然离开军阀部队，外出游历。他以四川基督教友的身份，赴上海参加基督教东亚协会会议，而后出游北平、沈阳等地以及日本、朝鲜，寻求救国道路。

1928年，车耀先加入了中国共产党，用一首《自誓诗》表达了自己为国为民奋斗的理想。"幼年仗剑怀佛心，放下屠刀求真神。读破

▲ 1931年，车耀先（后排左四）组织的成都国语研究社成立

▲ 1931年，成都国语研究社第一期注音符号传习班毕业合影留念，前排左一为车耀先

新旧约千遍，宗教不过欺愚民……"他当过旧军人，信过佛，信过基督，但终究不顶用，"欲树真理先辟伪，辟伪方显理有真"。最后，他认定"马克思主义才是一切被压迫阶级与被压迫民族获得解放的福音书"，于是他投身到工农群众的革命斗争当中，并且确信人民一定会获得最后的胜利，共产主义必将在全世界实现，"投身元元无限中，方晓世界可大同"。

车耀先将崇高的共产主义理想付诸具体而微的社会活动中，为了掩护革命行动，他发挥了少年时代做学徒时获得的经商能力，在成都开了3家饮食店、1家书店，以商人和文化人的身份为党工作，并且将文化与商业相结合。他的商人形象越好，他所从事的革命事业就越稳固，越长久。

★

努力餐：革命饭

"花会场，二仙庵，正中路，树林边，机器面，味道鲜，革命饭，努力餐！"车耀先亲拟广告词，3家饮食店分别为"新的面店""努力餐""庶几饭店"。

"新的面店"名副其实，有4样新：招牌新，美术字从左到右排列；广告新，"努力餐"餐馆的筷筒上写着这样一句话："若我的菜不好，请君对我说；若我的菜好，请君对君的朋友说"；制作方法新，在当时只有手擀面的成都，他用手摇轧面机制面，面条筋道，均匀整齐，很有卖相；品种新，在老一套的素面、炸酱面中，"努力餐"以特色炖鸡面脱颖而出，鸡肉细嫩，汤味浓郁。

"庶几饭店"是经济快餐，每天供应几样肉食、小菜，汤免费，1个人只花1角钱就可以饱餐一顿。店堂里挂着一条横幅，为车耀先的朋友官梦兰手书："努力为大众辟吃饭场所，其庶几乎！"大众有饭吃，这正是衣食无着的劳苦大众最根本的希望。

"努力餐"是最为人熟知的。店堂门楣匾额从左向右大书"努力餐：席桌·便饭·面点·精美廉洁"，一连5间铺面，当中雕花门面，

▲努力餐前门　　　　　　　　▲努力餐全景

相当气派。这里是新思想的据点，当时到成都的进步人士都要访问"努力餐"，每周至少有一次党、政、军、学、商各界知名人士的聚会，而许多宴会实际都是进步人士的聚谈会、抗战的专题讨论会。

1930 年 10 月，时任中共川西特委军委委员的车耀先参与策划了震动四川的"广汉兵变"。暴动失败后，"努力餐"歇业盘点，接洽撤退到成都的同志，专辟餐馆楼上解决同志们的吃住问题。1985 年，车耀先当年的领导魏传统曾作诗描绘了当时的情景："四川军阀割据热，广汉兵变震云天。西窗瞭望锦城血，幸有当年努力餐。"

1937 年，成都地区各抗日救亡团体骨干联合成立"成都各界救国联合会"，联合会的日常工作和聚会就在"努力餐"。救国会"七君子"沈钧儒、邹韬奋、史良、李公朴、章乃器、王造时、沙千里出狱后到成都，车耀先特为他们设宴于"努力餐"。1940 年，中华文艺界抗敌协会成都分会举办冯玉祥、老舍来蓉欢迎会，也是在"努力餐"举办的。

　　作为共产党人，作为成都抗日救亡运动的领导人，车耀先为文化教育和宣传活动投入了全部精力与大量金钱，为革命同志提供了有力的精神庇护与经济支持。

★

《自传》：努力不懈

　　1928年底，车耀先开设了一家新书店，白底蓝边蓝字招牌，从左至右是5个仿宋体美术字"我们的书店"，专卖新书、新杂志。"我们"是谁？车耀先说，书店是我们大家的，服务对象是我们关心的各界青年，包括在校师生。书店里的书大多是成都市面上买不到的社会科学书籍，如马列主义著作和进步作家的小说、散文、诗歌（大部分为翻译作品），以及一些期刊。"我们的书店"成为真理与新知的精神家园。

　　车耀先注意到，"在七千万人的四川，没有卖到七千份日报。不是没有人留心社会国家的事，根本是认识字的人太少"。1934年，他与教育界同志先后组织了"成都国语研究社""四川省注音符号促进会"，为劳苦大众学习识字创造条件，让他们能够学习文化，改变命运，而不要消极地等待命运的安排。车耀先用浅显易懂的话语鼓励青年朋

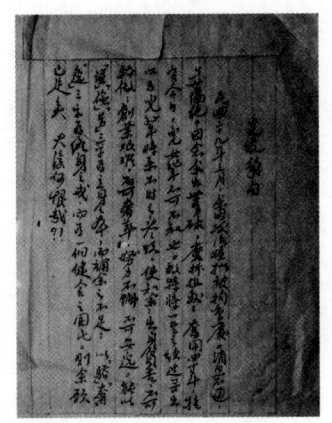

▲车耀先烈士于狱中写下的自
传序言《先说几句》手稿

友要努力奋斗，不要迷信"八字算命"。

他说："究竟八字与人生有无关系？据我所知一点关系都没有。假如降生的时间就能影响人生的话，那么，根本就没有人生了。因为人生就是奋斗。我们能说：每天同一时辰而生的一万人的命运，都丝毫不差吗？与人生有关系的是：生前的腹教，生后的保育、教育与自己努力不努力诸问题。降生的时间，除了警告我们说：'年龄不小了，还不努力吗？'之外，与人生毫无关系的。"

1937年1月，车耀先用餐馆内两间屋子作为编辑部办公室，创办《大声》周刊，进行抗日宣传，传播革命声音。他用笔名发表了大量文章，揭露亲日派挑动内战的阴谋，反对内战，积极宣传抗日。不少青年就是在《大声》周刊的影响下，奔赴延安，走上了革命道路。该刊曾多

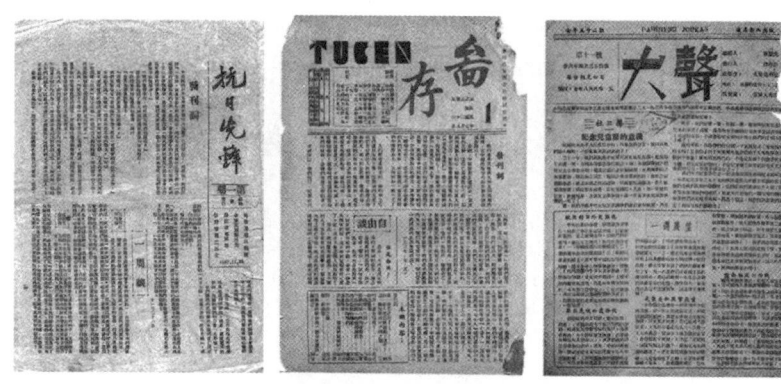

▲ 车耀先主持创办的进步刊物

次被国民党反动派查封，不得不先后改名为《大生》《图存》等，与敌人周旋。从 1937 年 1 月创刊到 1938 年 8 月 23 日停刊，《大声报》共出刊 61 期，成为当时四川抗日救亡运动的喉舌。

1940 年 3 月初，国民党反动派在成都制造了"抢米事件"，嫁祸给中国共产党。3 月 18 日，车耀先与战友罗世文被捕，先被关押在贵州息烽集中营，后被押到重庆渣滓洞监狱。

在狱中，车耀先始终没有暴露共产党员的身份，曾有一个叫肖复权的特务劝诱车耀先："你要快自首呵！"车耀先答："我不懂得什么叫'自首'！"特务恐吓道："你不自首就一辈子都出不去了。"车耀先不屑一顾道："出不去就算球！"他与罗世文两人在狱中组建了中共地下临时支委会，团结狱中革命志士，与国民党反动当局进行坚决斗争。他利用担任监狱图书管理员的身份，把报刊上的一些重要消息夹在图书里送到难友手中。与车耀先同为狱中秘密临时支委的韩子栋回忆说："车耀先博闻多见，有广泛的知识，诙谐、健谈，能在谈笑中鼓舞人心……1944 年车耀先被提为工作修养人，管图书馆（只他一个人），于是图书馆成了我们的精神食粮供应处和通信联络站。遇着重要的消息，车耀先就把线装书拆开，把消息夹在里头再把它订上，然后把书拿出去。"

1946 年 8 月 18 日，国民党反动派将车耀先和罗世文秘密杀害于重庆松林坡。

狱中 6 年，车耀先亲笔写下了几十万字的《四川军事史》和一部尚未完成的《自传》。

"民国二十九年三月，余因政治嫌疑被拘重庆，消息不通，与世隔绝。禁中无聊，寝食外辄以《曾文正公家书》自遣。遂引起写作与教子观念。因念余出身劳碌，磨折极多；奋斗四十年，始有今日。儿女辈不可不知也。故特将一生之经过写出，以为儿辈将来不时之参考。使知余：出身贫苦，不可骄傲；创业艰难，不可奢华；努力不懈，不可安逸。能以'谦''俭''劳'三字为立身之本，而补余之不足；以'骄''奢''逸'三字为终身之戒，而为一个健全之国民。则余愿已足矣。夫复何恨哉！"

《自传》尚未写完，车耀先就用生命完成了自誓：愿以我血献后土，换得神州永太平。

附：家书一封

崇英：

抗战又踏上较严重的阶段，就是投降派以反共口号来掩饰他们的由破坏团结，而中途投降的阴谋。因之，专门有人制造摩擦，扩大摩擦。我们在此时期，宜表面沉寂，充实自己；切勿再惹人注意。我呢，就正在这样做呵！

你的诗，是进步了；但有些字句欠熟练。我改了些。然大体是不错的，今天《新民报》已登出。不过有些错字和看不清楚罢了。

现在你在新繁，当然救亡工作较少了。应当趁此机会致力于自然科学。为将来升学、应世，打下一个良好的基础。我以为英、数、理、化是应当弄明白的。我的缺点就在于此。不要单注意社会科学。

成都警报频来，但我愈跑愈健！勿虑！勿虑！

愿你努力进步！

父字

七月十五午后

附：相关链接

1. 重庆歌乐山烈士陵园

重庆歌乐山烈士陵园位于重庆市西北部。设在国民党"军统"特务重庆集中营（1939—1949）和"中美特种技术合作所"（1943—1946）的旧址、1949年"11·27大屠杀"的发生地。1956年定为省级文物保护单位。1963年修建陈列大厅。主要区域为"中美合作所"阅兵场、陈列总馆、白公馆、松林坡、渣滓洞等。陈列总馆基本陈列为"中美合作所"集中营史实展，以490张图片、108件实物和"11·27大屠杀"半景画，真实披露了国民党"军统"集中营和"中美特种技术合作所"黑暗凶残的内幕，生动翔实地介绍了杨虎城、叶挺、江竹筠、罗世文、车耀先等革命先烈为新中国的建立而英勇斗争的感人事迹。

▲车耀先日本留影

2.《车耀先传》，杨家润著，重庆出版社，1990 年

1983 年，作者杨家润从中央到地方查阅了大量有关车耀先的文史资料，走访车耀先的亲属，得到了丰富的第一手资料，其中包括一些珍贵的历史照片，写成这部长篇传记文学《车耀先传》，1990 年由重庆出版社编入"红岩英烈丛书"出版。另有长篇文学故事《车耀先烈士的故事》，1991 年由湖南少年儿童出版社编入"革命先辈的故事"丛书出版。

刘愿庵：

奋不顾身行大义，通情达理拘小节

　　刘愿庵（1895—1930），原名孝友，字坚予，陕西咸阳人。清光绪三十四年（1908年）随父到江西，入南昌大同中学堂读书。1911年辛亥革命爆发后，弃学奔赴南京，参加学生军，声讨袁世凯，后一度在川军任职。1923年在成都参加恽代英组织的"学行励进会"，开始接受共产主义思想。1925年五卅惨案发生后，刘愿庵被推举为叙州五卅惨案后援会负责人之一，领导群众开展反帝爱国斗争，不久后加入中国共产党。历任中共重庆地方执委会委员兼中共成都特别支部书记、中共四川省委书记等职，中共第六届中央候补委员。为发展四川的党组织，发动工农运动，组织武装斗争，进行了艰苦卓绝的工作。1930年5月5日在重庆被捕，7日就义，时年35岁。

　　1925年合记肇明石印公司出版《新测重庆城全图》，这是重庆第一张用现代测绘手段编制的地图，有比例尺和标高点。1937年元旦，《国民公报》赠阅《重庆市街道图》作为"新年礼品"，"献给本报直接订阅诸君"。地图绘制带有一些早期手绘地图的风格，主次道路对比明显，便于查看。

　　在相隔10余年的两幅地图中，我们都能看到旧城区十八梯下边横贯于凤凰台与响水桥两街上方的一条小街，叫"浩池街"，浩池街之名如今在地理上已经消失，但在历史上却始终占有重要位置，此地曾发生过一起导致中共四川省委遭到大破坏的惨痛事件。

　　浩池街39号裕发祥酱园铺楼上曾是中共秘密活动地点，1930年5月5日上午，中共四川省委常委会在此开会，参加会议的有中共中央候补委员、四川省委书记刘愿庵，省委秘书长邹进贤，省委组织部部长游少彬和省委工委书记程攸生。会议正在进行之际，警察突然冲上来检查，邹进贤见势不妙揉烂了会议记录，打倒两个警察后奔逃下楼，程攸生死死拖住一个要去追赶的警察，扭打着从楼梯上滚下来。邹进贤在搏斗中被打掉了眼镜，逃到街上后，因看不清路，最后不幸绊倒被捕。在与敌人展开殊死搏斗的过程中，除游少彬跳窗脱险外，四川

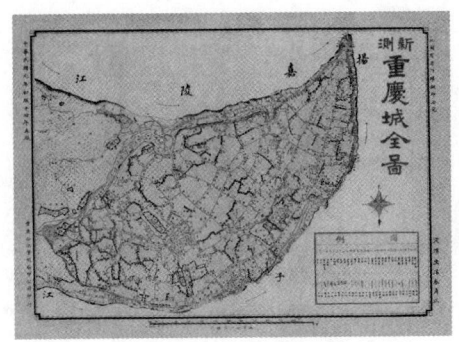

▲ 1925 年《新测重庆城全图》

省委主要领导全部被捕。

刘愿庵在给妻子周敦婉的遗书中记录了当时的场景："我被捕是在 Karl Marx 的诞日晨九钟，我曾经用我的力量想消毁文件，与警察殴斗，可恨我是太书生了，没有力量如我的期望，反被他们殴伤了眼睛，并按在地下毒打了一顿，以致未能将主要文件消毁，不免稍有牵累，这是我这两日心中最难过的地方，只希望同志们领取这一经验，努力军事化，武装每个人的身体。"

直至生命的最后一刻，刘愿庵还在总结经验教训：对于被叛徒出卖一事，他尤其自责，"所不释然于心的是此次我的轻易，我的没有注意一切技术，使我们的党受了很大的损失。这不仅是一种错误，简直是一种对革命的罪恶"；对于自己没能临场应对警察的突袭，充满遗憾，"可恨我太书生了""没有力量"，他希望同志们更好，"努力军事化，

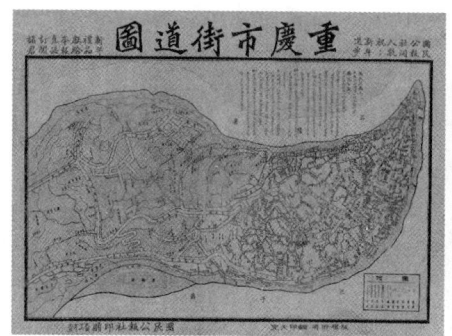 

▲ 1937 年《国民公报》重庆市街道图　　▲ 1946 年《重庆市街道详图》

武装每个人的身体"……刘愿庵的信仰之所以如此坚定，源于他作为一个共产党人的决心以及必胜的信念："但布尔希维克（Bolshevik）的精神，是要用一切努力去战胜这些困难""时刻是望着中国革命成功"。

★

行大义：为被压迫者牺牲

刘愿庵是中共六大代表、中央候补委员，在当时影响力较大。1928 年，《国民公报》曾报道："四川共产党首领刘愿安[1]……因张秀蜀被捕，三总机关破获，乃兼程返川，以图恢复，现据确实调查，刘

---

[1] 即刘愿庵。

业已秘密抵渝……筹备组织暴动委员会，以图最后一逞云。"

　　刘愿庵是从旧官场里杀出来的革命家。四川军阀混战时期，他曾当过卢锡卿部的参谋、杨春芳部的秘书、刘文辉的第九师师部咨议官等。在杨春芳部时，刘愿庵曾被委任为酆都（今丰都）县知事（即县长），当时他虽然只有28岁，但由于辛亥革命后参加过学生军，声讨过袁世凯，所以为官时已表现出了民主进步思想，一反过去的官僚作风，为民做主，清理冤狱，废除苛捐杂税。他平时布衣草鞋，生活俭朴，严词拒绝馈赠、说情，县人都称道他"年少多才，人不敢与私语"。

　　在四师陆营驻酆期间，该营营长陆柏香多次威逼刘愿庵为其筹集军饷，而不顾这些年来军阀混战，横征暴敛，酆都县人民民不聊生的实情。从1920年到1923年的4年中，酆都县预征粮税已收到1941年；1920年陈兰亭旅攻占酆都城时，更是将县内积谷28 000余石盗卖一空。刘愿庵体察民情，深知人民负担沉重，因此拒绝为陆营筹集军饷，此举激怒了陆柏香。一天夜晚，陆派兵去县衙，请刘知事到营部议事，刘愿庵明知危险，但他襟怀坦荡，临危不惧，从容赶到营部禹王宫，果不其然，一去就被扣留了。

　　这时，四川讨贼军汤子谟部由江津来攻涪陵，贺龙率队复返酆都，贺龙与刘愿庵早已结识，并支持其治理县政，得知刘愿庵被扣留的消息后，下令夜袭禹王宫，提走陆营枪支，救出了刘愿庵。

▲刘愿庵　　　　　▲邹进贤

　　时隔 7 年，刘愿庵已是中共四川省委领导人，闻名于巴蜀大地，与四川的军、政、学、商各界名流几乎都有交往，这一次刘愿庵被捕，谁可营救？张澜写信给国民党四川省主席刘湘："刘愿庵是个人才，宜官不可杀。"军阀刘湘在大革命热潮中宣布易帜加入国民革命军时，为扩大影响，曾辗转托人找到刘愿庵，请他代写了《国民革命军第二十一军军长刘湘就职宣言》，通电全国，影响甚好。所以，刘湘也在考虑：倘若刘愿庵回心转意，或者稍有松动，每月俸薪 200 元，省内厅长、院长各职任凭选任。于是他派刘愿庵的早年好友、巴县县长冯均逸和自己的部下——刘愿庵的姐夫、师参谋长周竹虚等人当天下午前去劝降。

　　刘愿庵了解自己的能力，"我偶然想起觉得有一点可惜，我的某部分过人的精神和智能，若果不死，对于我们的工作，是有许多贡献（虽然我一方面有许多弱点），然而现在是不可能了”，所以，“降”是绝对不可能的。第二天晚上，刘愿庵在写给姐夫的遗书中表示自己信仰明确，立场坚定，“弟之行动始终不能为兄赞同，而弟亦不能如兄历年谆谆劝告放弃工作”“所可以自慰者，此身纯为被压迫者牺牲，非有丝毫个人企图，素为兄所深知，必能谅解，而不致如一般伧夫走狗之责毁，或者此亦所以报德者也”。

有革命理想者，殊途同归；无革命理想者，分道扬镳。面对反动军阀的诱降，刘愿庵大义凛然：“信仰不同，不可能同路。共产党追求的是真理，共产主义是历史的必然趋势，这不是什么歧途，而是一条光明之路！”其实，刘愿庵被捕之际就已经做好了牺牲的准备，“当然他们不会让我再延长我为革命致力的生命”“我现在是准备踏着我们先烈们的血迹去就义，我已经尽了我一切的努力贡献给了我们的阶级，贡献给了我们的党，我个人的责任算是尽了”。

★

拘小节：一往而深人世情

刘愿庵在就义前一天的晚上已经写好了两份遗书，一份写给姐夫周竹虚，一份写给妻子周敦婉，并请姐夫转交，"寄弟妇遗函一封，务请设法转寄，勿任遗失，至所盼望"。

在写给周竹虚的遗书中，刘愿庵明白二人所选道路不同，但大丈夫行事光明磊落，相信对方"必能谅解"，而有感于姐夫的情深义重和曾给自己"历年谆谆劝告"，以及一直给予家庭的照顾，则"永藏心中"，今世报答不了，"实深歉疚"。

在写给妻子的信里夹杂英文，大概是因为周敦婉曾为英文教师，英文对于二人有交流上的亲切感。从信中可以看出夫妻感情极深，刘愿庵对周敦婉的称呼是"我最亲爱的婉""我的最亲爱的人""我唯一亲爱的人""亲爱的我的情人"，将其视为"在这个宇宙中最爱我最了解我的一个"。

情愈深愈难承受，所以，刘愿庵劝告妻子，首先不能陷入思念和悲伤，要把这份情感转移到共同的事业之中，"把儿女子态的死别的痛苦丢开，把全部的精神全部爱我的精神，灌注在我们的事业上，不要一刻的懈怠，消极""不要无谓的去思量留念，这样足以妨害工作，伤害身体，只希望你时时刻刻记起服从工作、工作、工作"。

他还嘱咐妻子要培养为大事业奋斗的精神与实力，"必须要努力作一个改革的职业家，一切去教书谋生活等个人主义的倾向"，克服自身的弱点，希望她有"勇气与决心""有铁一样的心"，同时要加强身体锻炼，因为身体好坏与意志、勇气等品质直接相关，"主要的方法是习劳，吃药是不相干的，望切记"。

他让妻子不用因为情感契合而保持忠贞不贰的心，在自己身死之后给予妻子选择权，暗示妻子可以再婚，"我俩心灵唯一的联系，是建筑在你能继续我们工作与事业，而不是联在你为我忧伤，和忠诚不二上面，这是我理性的自觉，决不是饰词"。

最后，他在信中提及有一事让他"思之痛心"，而且"只此一事"，什么事呢？他觉得自己辜负了父亲的期望，没有"显亲扬名"，更没有尽到丝毫奉养的责任，虽然社会上有无数像父亲一样"困苦颠连"的老人，自己革命也是为改变这一普遍的局面，但事实上"对于家庭、对于父亲是太不孝了"。

所以，无论是在给妻子，还是在给姐夫的遗书中，刘愿庵都表达了不让父亲知道他的死讯的意愿。他叮嘱妻子，"你写信去说我已到上海或出国去了，你随时捏造些消息，去欺骗父亲好了"；他拜托姐夫，"弟之死耗，对舍间务请秘密，勿使老亲知之，即以弟已出川代为掩盖"。

有为之奋斗的崇高理想与事业，亦有挂心的人之常情，国事与家事交织，舍小取大，把自己全部奉献了出去，包括自己的遗体，刘愿庵在两份遗书中都做了安排：

"再我的尸体，千万照我平常向你说的，送给医院解剖，使我最后还能对社会人类有一点贡献，如亲友们一定要装敛[1]费钱，你必须如我的志愿与嘱托坚决主张千万千万，你必须这样，才算了解我。"

"至弟之尸体，已嘱送之医院解剖，以尽我最后对人类之贡献，万望勿加阻止，虚耗金钱。"

奋不顾身行大义，通情达理拘小节，用生命追求真理的优秀党员刘愿庵走完了他35岁的一生。刘愿庵平生只留下了一张照片，孑然一身，正气凛然。

---

[1] 装殓。

附：家书二封

竹虚大哥赐鉴：

　　弟之行动始终不能为兄赞同，而弟亦不能如兄历年谆谆劝告放弃工作。然而兄始终对弟之爱护有加，及对于舍间之照拂，实永藏心中不敢或忘。兹当永诀，念及今世不能有所图报，实深歉疚。所可以自慰者，此身纯为被压迫者牺牲，非有丝毫个人企图，素为兄所深知，必能谅解，而不致如一般伧夫走狗之责毁，或者此亦所以报德者也。舍间状况不待言而为兄所尽悉，敢以累兄时加顾助，以待弱弟妹之成立。此外弟孑然一身，毫无系累，亦别无所求。至弟之尸体，已嘱送之医院解剖，以尽我最后对人类之贡献，万望勿加阻止，虚耗金钱。寄弟妇遗函一封，务请设法转寄，勿任遗失，至所盼望。弟之死耗，对舍间务请秘密，勿使老亲知之，即以弟已出川代为掩盖。四姊处亦望劝其勿过悲伤，人生谁有不死，弟今日之死，虽不能说成仁取义，亦较困死牖下多多矣。临颖[1]伧神，欲言不尽，即颂起居多福，诸维[2]谅察。

弟友遗书

---

　　[1] 临颖：临颖。

　　[2] 诸维：诸位。

我最亲爱的婉：（My dearest Vera）

　　久为敌人所欲得而甘心的我，现在被他们捕获，当然他们不会让我再延长我为革命致力的生命，我亦不愿如此拘囚下去，我现在是准备踏着我们先烈们的血迹去就义，我已经尽了我一切的努力贡献给了我们的阶级，贡献给了我们的党，我个人的责任算是尽了，所不释然于心的是此次我的轻易，我的没有注意一切技术，使我们的党受了很大的损失，这不仅是一种错误，简直是一种对革命的罪恶。我虽然死，但对党还是应该受处罚的，不过我的身体太坏，在这样烦剧而受迫害的环境中，我的身体和精神，表现非常疲苶，所以许多地方是忽略了，但我不敢求一切同志们原谅，只是你——我的最亲爱的人，你曾经看见了我一切勉强挣扎的狼狈情形，只有希望你给我以原谅，原谅我不能如你的期望，很努力的很致密的，保获我们的阶级，先锋队，我只有请求你的原谅。

　　对于你，我尤其是觉得太对不住你了，你给了我的热爱，给了我的勇气，随时鞭策我，前进努力，然而毕竟是没有能如你的期望，并给与你以最大的痛苦，我是太残酷地对你了，我惟一到现在还稍可自慰的，即是我曾经再四的问过你，你曾经很勇敢的答应我，即是我死了，你还是——并且加倍的为我们的工作努力，惟望你能够践言，把儿女子态的死别的痛苦丢开，把全部的精神全部爱我的精神，灌注在我们的事业上，不要一刻的懈怠，消极。你的弱点也不少，望对于一切因循 Romantic，缺乏勇气与决心，加以极大的补救，你必须要像《士敏土》中的黛莎一样，"有铁一样的心"。

我如此算了，我偶然想起觉得有一点可惜，我的某部分过人的精神和智能，若果不死，对于我们的工作，是有许多贡献（虽然我一方面有许多弱点），然而现在是不可能了，我饱受了一切创痛，我曾经希望我们有一个小宝宝，我当以我的一切经验，教育他，指导他，使他成为一个模范的布尔希维克（Bolshevik），现在也尽成虚愿了，所惟一希望的，只是你，我唯一亲爱的人，我的同志，希望你随时记着我的一切，记着我某一些精神和处理工作的"作风"，继续我的工作。同时也随时记着我的一切弱点，我俩共同的弱点，努力去纠正！挽救我的罪过。

关于你的今后，必须要努力作一个改革的职业家，一切去教书谋生活等个人主义的倾向，当力求铲除，这才算真正的爱我，至于关于今后性与爱的问题，请你必须同意于我（的）恋爱观，千万不要记着我某些自私自利，根本是封建意识的内含而掩盖着某些理由的不正确主张，并要原谅我偶尔抑制不住的一切不正确的怨望，我们应该是结合在我们的工作上面（姑且如你所说常有唯心主义的话——人格的合抱）而不是结合在其他上面，假如我死后有知，我俩心灵唯一的联系，是建筑在你能继续我们工作与事业，而不是联在你为我忧伤，和忠诚不二上面，这是我理性的自觉，决不是饰词，或者故如此说，以坚你的信爱，望你决不要错认了！

对于我们的工作，如果能假我以机会，我或者可以写出许多话来，但现在是不可能，不过一切问题，历来的决议是说得很多了，我以临死之身，敢向一切同志担保，那都是百分之百的正确，然而我们的同志总是借口许多理由，说去实行上，事实上有某种某种困难，把他修改或者竟取消了，这充分是表现畏难苟安的小布尔乔亚的恶习，我们并不是说没有什么困难，但布尔希维克（Bolshevik）的精神，是要用一切努力去战胜这些困难，决不是对于困难屈伏（修改原则或取消主义），这是我现在能够而必须最后说的一句最重要的话。

对于我的家庭，难说、难说，尤其是贫困衰老的父亲，他以旧社会"显亲扬名"的观念期待我，我是太辜负他的期望了，并且连甘旨之奉也不能尽丝毫责任，只此一事思之痛心，然而也无法了！整个社会无量数的老人在困苦颠连中，我的家庭、我的父亲不过无量数中之一份子而已，我的努力革命，也何尝不是如此，然而毕竟对于家庭、对于父亲是太不孝了，社会是这样，又复何说，此后你如有力，望于可能时给父亲以安慰和孝养，尤其小弟妹当设法务之成立，这是我个人用以累你的一件事，不过对于死的消息，目前对家庭可暂秘密不宣，你写信去说我已到上海或出国去了，你随时捏造些消息，去欺骗父亲好了，不过可怜的父亲是有两个儿子[1]的生或死永远不能知道了，五弟不自振作，无可说，五弟妇当使之作工，不要她始终存个依赖丈夫或想做所谓"太太"的观念，你应可能时，在教育方面帮助她。端儿是我很喜欢的一个孩子，也是我们几弟兄所存留的一个独孩子，你在不妨害工作范围内可以抚养她，五弟妇是不能教育孩子的，只是我未免累你的太多了，然而这是无法可想

---

[1] 两个儿子，即刘愿庵和七弟刘孝佑。刘孝佑曾是安徽宿县第一个党小组长、第一任县委书记，早刘愿庵一年即 1929 年牺牲。

的事，你当能原谅我。

我自从被捕以后，从来没有想到你，因为实在不敢想起，想下去会令我减少勇气，我也望你不要时刻想起我，尤其两年来一切同居的快乐，更不要无谓的去思量留念，这样足以妨害工作，伤害身体，只希望你时时刻刻记起服从工作、工作、工作。

我被捕是在 Karl Marx 的诞日晨九钟[1]，我曾经用我的力量想消毁文件，与警察殴斗，可恨我是太书生了，没有力量如我的期望，反被他们殴伤了眼睛，并按在地下毒打了一顿，以致未能将主要文件消毁，不免稍有牵累，这是我这两日心中最难过的地方，只希望同志们领取这一经验，努力军事化，武装每个人的身体。

你的身体太弱，这是我最不放心的，身体弱必然影响到意志不坚决与缺乏勇气，望你特别锻炼你的身体，主要的方法是习劳，吃药是不相干的，望切记。

我今日审了一堂，我勇敢的说话，算是没有丧失一个布尔希维主义者的精神，可以告慰一切，在狱中许多工人对我们很表同情，

---

[1] 九点钟。

毕竟无产阶级的意识是不能抹杀的，这是中国一线曙光，我们的牺牲总算不是枉然的，因此我心中仍然是很快乐的。我有许多零星的稿子，始终没有整理出来，这是死前一件憾事，我平常有些谈话，有价值的，望你为我记下来，了我一桩心愿。

再我的尸体，千万照我平常向你说的，送给医院解剖，使我最后还能对社会人类有一点贡献，如亲友们一定要装敛费钱，你必须如我的志愿与嘱托坚决主张千万千万，你必须这样，才算了解我。

我在拘囚中与临死时没有你的一点纪念物，这是心中很难过的一件事，但是你的心是紧紧系在我心中的，我最后一刹那的呼吸，是念着你的名字，因为你是在这个宇宙中最爱我最了解我的一个。

别了！亲爱的我的情人，不要伤痛，努力工作，我在地下有灵，时刻是望着中国革命成功，而你是这中间一个努力工作的战斗员！

你的爱死时遗言

五月六日午后八时预写

附：相关链接

1.丰都县革命烈士纪念馆

重庆市丰都县革命烈士纪念馆由革命烈士陵园和烈士事迹陈列馆等组成。烈士事迹陈列馆陈列展出了贺龙、刘伯承等老一辈无产阶级革命家在丰都的主要事迹、史料和部分遗物。贺龙勇救刘愿庵战场遗址位于丰都县名山街道原旧县城禹王宫。

2.《珍物·革命家书》，八集纪录片，上海广播电视台纪实频道出品，2018 年

这部纪录片围绕着俞秀松、恽代英、邓中夏、陈毅、王若飞、殷夫、刘愿庵、孙晓梅等 8 位革命者的家书进行讲述，同时邀请专家学者、主人公后代分享写信者的心路历程，探寻信中蕴藏的动人往事与跌宕人生。

刘伯坚：

为着中国民族就为不了家和个人

　　刘伯坚（1895—1935），四川平昌人。无产阶级革命家。原名永福，又名永固。早年就读于成都高等师范学堂（四川大学前身）。1920年赴欧洲勤工俭学，1921年与周恩来等发起组织旅欧中国少年共产党，1922年转入中国共产党。1923年底赴苏联莫斯科东方劳动者共产主义大学学习。1926年回国后，应邀在冯玉祥部队任国民联军政治部副部长，后来再次被派往苏联学习军事，并出席了中共六大。到中央苏区后，任苏区工农红军学校政治部主任，参与领导宁都起义并任红五军团政治部主任，后任中革军委总政治部宣传部副部长；中央红军长征后，留在苏区坚持斗争。1935年3月率部队突围时不幸负伤被捕，21日英勇就义，时年40岁。

刘伯坚在就义前给爱人王叔振写了一封短信，言简意赅，淡定沉着，交代了3件重要的事：

已留下绝命书和遗嘱："你必能见着"；鼓励妻子继续战斗："你不要伤心""要为中国努力，不要脱离革命战线""要用尽一切的力量教养虎、豹、熊三幼儿成人"，让"光荣的事业"后继有人；日后若相见，有葬身之处可寻，"我葬在大庾梅关附近"。

"十二时快到了，就要上杀场，不能再写了，致以最后革命的敬礼。"这是他遗书的最后一句，仿佛是要出门办件小事，就此搁笔之意。面对死生大事，气度实在不凡。

宋任穷曾赞叹道："刘伯坚这个人真了不起，快要上杀场了，还是那样镇定自若地写家书，信上的字迹和笔画，跟平时工作时的字迹和笔画一模一样，一点没有变。"

然而，刘伯坚最后的期许与嘱托，妻子却永远看不到了，在同一个春天里，他的妻子王叔振在福建长汀四都乡姜畲坑被错误杀害。

刘伯坚在写给"凤笙大嫂并转五六诸兄嫂"的两封遗书中都曾挂念过妻子的行迹，"叔振仍在闽，已两月余不通信了""这封信须要给叔振同志一阅，她可能已到沪了"。他们夫妻异地工作，两月余未

▲ 1927 年 3 月，刘伯坚与
王叔振在西安合影

联系，也永远联系不上了。

"为着中国民族就为不了家和个人"，刘伯坚对此认知清醒、体会深透，仅仅在赴死的最后日子里，才有时间顾得上家人和孩子。他给"凤笙大嫂并转五六诸兄嫂"先后写去 3 封信，第一封信没有留存下来，从第二封信中我们得知第一封信的存在，信的开篇写道："本月初在唐村写寄给你们的信、绝命词及给虎豹熊诸幼儿的遗嘱，由大庾县邮局寄出，不知已否收到？"大概担心第二封信再次遗失，所以他又写了第三封信，将第二封信的要点又做了反复告知。

刘伯坚反复告知的主要有两件事：第一是他坚定的革命立场，"决定一死以殉主义"；第二是他送养出去的孩子的具体下落。虎、豹、

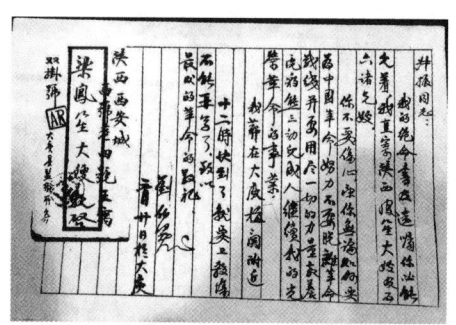

▲ 刘伯坚写给王叔振的遗书

熊三幼儿，即虎生、豹生、熊生，虎生寄养在收信人"凤笙大嫂"这里，凤笙大嫂是虎生的舅母，虎生的情况最好；豹生、熊生都被抱养在别处，信中则仔细交代了抱养的人家地址、人物姓名、职业等具体信息，希望能"设法收回教养"。

一个共产党人，把国家、民族放在了前面，只为自己留了一点时间做兄弟、做丈夫、做父亲，这就是刘伯坚所说的"为着中国民族就为不了家和个人"。

★

为革命而舍子：承我等志愿，争取更大光荣

王叔振遭遇不幸时随身带着一张字条，仅有"承先启后"四个左半边字，字迹截断处为撕痕。这不是一张普通的字条，其实是一份"抱

约"，将孩子抱养给人家的协议，约定写好后一撕为二，作为日后核对凭证。

两年前的春天，王叔振生下第三个儿子熊生，孩子出生才40多天时，王叔振就接到了去瑞金的中央调令。是带着熊儿去瑞金还是把他送给合适的人家抚养？革命意志无比坚定的王叔振，最终毅然做出了"为了苏维埃事业的胜利，只有把孩子送人"的决定。她给收养人家写下一纸"抱约"：

"刘门王氏生下小儿名叫熊生，今送给黄家抚养成人，长大在黄家承先启后。但木有本，水有源，父母深恩不可忘记，仍要继承我等志愿为革命效力，争取更大的光荣。特留数语，以作纪念。"

落款处为"母王叔振字"，及日期与地点"公历一九三一年四月十六日写于闽西芷溪"。"抱约"写完后，须双方各执一份，于是王叔振在约定之后写下"承先启后"四个字，将四个字从中间撕开，有朝一日相认时，两份对接在一起即可。

回到住地，王叔振拿起笔给刘伯坚写了一封信，"你说过的，为着革命，我们是什么都可以牺牲的。我忍着极大的痛苦，含着眼泪，把熊儿送人了"。

刘伯坚对此事必定历历在目，他在信中仔细地写下了熊儿的下落，"熊儿生后一月即寄养福建新泉芷溪黄荫胡家"。在紧接着的一封信

▲刘伯坚遗书

中他又补充了收养人家的若干信息，"熊儿生后一月即寄养福建连城属之新泉区芷溪乡黄荫胡家中，黄业中药铺，其弟已为革命牺牲，弟媳名满菊，扶养熊儿，称熊儿为子，爱如己出，因她无子"。

在两封信中，刘伯坚交代细节最多的莫过于豹儿的下落，恐怕是考虑到豹儿所委托寄养的人家是船户，"往来瑞金、会昌、雩都、赣州这一条河"，在水上行走，不太好寻到。船户1家4口，船老板、老板娘、儿子、儿媳，姓甚名谁、年龄大小、品性均有交代，"一家人很爱豹儿"。船户家还有随行的一个年轻裁缝，"携带豹儿""很爱豹儿，他无论如何都同豹儿一起"。刘伯坚给出如此多的信息，可能还有一个重要考虑，就是担心生活费会断，"因我无钱只给了几个月的生活费，你们今年以内派人去找着还不至于饿死"。因此，在随后的信中，他又把生活费所能维持的时间做了具体计算，"你们在今年内可派人去找，伙食费只能维持四五个月"。

这些描述中饱含着刘伯坚对孩子极深的挂念，两封信反复说给豹儿找的这一家是可靠的，船老板"撑了几十年的船，赣州的商人多半认识他""人很老实"，但也反复提及生活费是有限的，仿佛是在告慰自己，这一家人一定是值得信任的，就是在生活费断了的情况下也会继续收养孩子。

哪怕对此有稍许怀疑，也会让刘伯坚的内心极度不安。刘伯坚在被捕前半月才把豹儿送走，此前这个孩子一直跟在他身边，所以他对这个孩子有一种更真切的感情，更撕裂的痛。

从 1930 年冬天开始，到 1932 年 12 月，中央苏区粉碎了蒋介石的 4 次"围剿"。在这几年的生活中，小豹生一直跟着父亲，常常是刘伯坚的箩筐一头挑着小豹生，另一头挑着衣物杂件和一些玩具。这些玩具是红军战士用积木和废旧枪支零件做成的，小豹生坐在箩筐里渐渐长大。刘伯坚在给嫂子梁凤笙的信中写到了豹儿的情况：

"豹儿倏已三岁余，近来日食鸡子[1]多枚，还有牛奶，双颊润红，虽不及虎儿丰腴，轮廓清癯，颇肖诸舅。此儿大目明活，眸子星亮，健步学语，终日嬉戏歌唱，琅琅[2]上口，入睡始息。"

1933 年 9 月，国民党调集了 50 万兵力围攻中央苏区，主力红军苦战 1 年也无法击退敌军，陷入危险状态。1934 年 10 月，红一方面军主力部队被迫撤出根据地，开始长征。刘伯坚奉命留守赣南，坚持敌后游击战争。

在刘伯坚担任赣南军区政治部主任，指挥部队留守中央苏区的头 3 个月，小豹生尚能跟随在父亲身边。从 1935 年 2 月起，留守红军面临

---

[1] 鸡蛋。

[2] 朗朗。

▲刘伯坚狱中诗

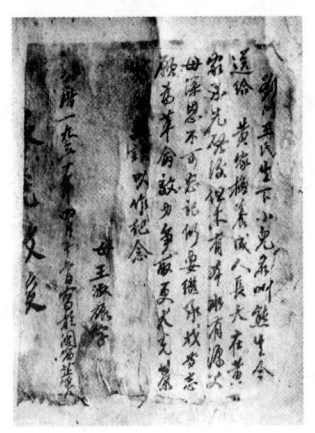

▲王叔振送儿抱约

的战争局势日趋严峻，刘伯坚意识到继续让小豹生留在身边是不可能了，于是委托驻地的苏维埃政府帮忙寻找合适的寄养人家。2月中旬，小豹生被送走。

天遂人愿，刘伯坚的3个儿子都活下来了。1936年，长子刘虎生被大嫂梁凤笙交给了周恩来，后赴苏联留学，归国后在我国基础工业、军事工业等领域做出了突出贡献。1949年，二儿子刘豹生在江西瑞金被找到，后于北京学习，考入哈尔滨军事工程学院学习航空专业，毕业后被分配到航空工业研究所工作，成为航空工业的一名高级工程师。1953年，刘熊生在闽西被找到，他没有对党组织提出任何要求，用平凡的一生践行了母亲的教导——"在黄家承先启后"。

★

为革命而舍生：心自安详、志气轩昂

刘伯坚断定家人知道自己被捕的消息后，"必然要悲恸异常，必然要想方法来营救"，但他叮嘱家人不要营救，而且千万不要找于先生、邓宝珊、马二先生。这里于先生指于右任，马二先生指冯玉祥。

从个人的层面来说，他们的私交很好，刘伯坚忆及于右任、邓宝珊对他有过帮助，"我在国外叔振在沪时还承他们殷殷照顾并关注我不要在革命中犯危险"，这指的是 1928 年春，刘伯坚被派往苏联学习军事，王叔振独自带着大儿子虎生在上海纺织厂从事纺织业工人运动。然而从政治信仰来看，刘伯坚与他们不同，所以，他不想以此"使他们为难"，他把自己被捕当成一件小事来对待，说"我自己甘心忍受尤其要把这件小事秘密起来""知道的人多了就非常不好"。

这其中隐藏着意识形态的较量。刘伯坚革命立场极为坚定，"决定一死以殉主义，并为中国民解放流血""为中国革命牺牲毫无遗恨"，坚信"不久的将来，中国民族必能得到解放""热血不是空流了的"，因此不想因为家人去找他人帮忙而丧失"革命的人格"。

刘伯坚的信仰形成虽然可追溯至 1920 年赴法勤工俭学期间，但是在出国前的成长阶段中，刘伯坚的家国情怀、救国之心，已经为他接受共产主义思想提供了基础。

1915 年秋，刘伯坚就读于省立万县师范。在万县，他目睹外国船只飞扬跋扈，在长江流域横冲直撞。他奋笔疾书："堂堂炎黄子孙，岂容洋奴欺侮，凡有血气之伦，莫不枕戈饮血。"1917 年，面对复辟倒退势力，他呐喊："再穿上黄马褂是对民族的侮辱，时代的背叛。"他决心从书本中走出去，"寻求救国之道，探索治国之术"。1918 年春，经友人介绍，他到靖国军副司令兼嘉陵道道尹陈炳坤处供职，深得陈氏器重，半年后陈氏想举荐他任苍溪县长，但刘伯坚婉言谢绝说"不谋高官厚禄，志在中华崛起"。

1922 年，刘伯坚在法期间与周恩来、赵世炎等共同组建了"少年共产党"（后改名为旅欧共青团）。1923 年，刘伯坚进入莫斯科东方劳动者共产主义大学学习，他待人和蔼，处事稳重，被推选为中共旅莫支部和旅莫共青团负责人。

1926 年，刘伯坚接受中共中央、共产国际交派的任务，出任国民联军政治部副部长，着手改造这支部队。他积极宣传革命思想，努力改造着这支从军阀阵营中挖出来的部队，充实党的力量。国民联军的一些官兵深受其影响，赵博生、董振堂等都倾向革命，这支军队在进入陕甘、进军豫西、配合北伐军作战中，都发挥了积极作用。

1934 年 10 月，中央红军主力部队开始长征后，刘伯坚被任命为赣南军区政治部主任，留在苏区老根据地坚持敌后斗争。为护送主力红军渡过雩都河，刘伯坚在工地指挥架桥，安排各种后勤工作。时隔 28 年，叶剑英曾在建军纪念日赋诗怀念当时的场景："红军抗日事长征，夜渡雩都溅溅鸣。梁上伯坚来击筑，荆卿豪气渐离情。"

1935 年 2 月，中央分局、中央办事处和赣南省级机关、部队被敌人包围在雩都（今于都）南部一狭小地带。3 月初，刘伯坚随同中共赣南省委书记阮啸仙等率 2 000 余人，从雩都南部向赣粤边界的油田方向突围。在突围战中，阮啸仙中弹牺牲，刘伯坚左腿负伤，被敌人俘虏。

蒋介石为抓捕留下来坚持斗争的共产党军政领导，悬赏 5 万元大洋缉拿陈毅、刘伯坚等人，照片发至官兵手中。刘伯坚被俘后，立即被敌人认出。

敌团长劝他"顺应潮流"，只要办脱党手续便可得到"自由"和"重用"，刘伯坚断然拒绝。3 月 9 日，刘伯坚由信丰被押解至粤军第一军军部所在地大庾（今大余）囚禁；3 月 11 日，移交绥靖公署审讯室。敌人一次又一次地审讯，威逼利诱，妄图从他那里获得共产党在赣南一带的活动情况，刘伯坚三缄其口，果断决绝，"要杀就杀，要我讲休想！"敌人还强迫他指认被俘的党员同志，但是刘伯坚自始至终就两句话："我不知道""我不认识"。

从监狱到审讯室，相距不过数百米，但在移狱途中，敌人为了"炫耀"所谓胜利，恫吓人民，瓦解刘伯坚的斗志，特意给刘伯坚戴上沉重的脚镣和手铐，从监狱后门出去，押经大庾县城最热闹的青菜街（今建国街），游街示众。

刘伯坚大义凛然、志气轩昂，在狱中写下了《带镣行》一诗："带镣长街行，蹒跚复蹒跚，市人争瞩目，我心无愧怍。带镣长街行，镣声何铿锵，市人皆惊讶，我心自安祥[1]。带镣长街行，志气愈轩昂，拼作阶下囚，工农齐解放。"后来，这首诗与夏明翰烈士的壮丽诗篇《只要主义真》合璧连珠，被谱写成《就义歌》广为传唱。

"十二时快到了，就要上杀场，不能再写了，致以最后革命的敬礼。"刘伯坚写完最后一封信后，被敌人押至大庾县金莲山上。随着3声枪响，这位英勇无畏的共产主义战士壮烈牺牲，时年40岁。

---

[1] 安详。

附：家书三封

（第二封）3 月 16 日，刘伯坚再次写信给兄嫂，全文如下：

凤笙大嫂[1]并转五六诸兄嫂：

本月初在唐村写寄给你们的信、绝命词及给虎、豹、熊诸幼儿的遗嘱，由大庾县邮局寄出，不知已否收到？

弟不意现在尚留在人间，被押在大庾粤军第一军军部，以后结果怎样，尚不可知，弟准备牺牲。生是为中国，死是为中国，一切听之而已。

现有两事须要告诉你们，请注意！

一、你们接我前信后必然要悲恸失常，必然要想方法来营救我，这对于我都不须要。你们千万不要去找于先生及邓宝珊兄[2]来营救

---

[1] 并非刘伯坚的亲嫂子，而是他爱人王叔振的嫂子凤笙女士。

[2] 于先生即于右任。刘伯坚为了维护党的声誉，希望亲友不要把他被捕的事告诉原西北军高级将领冯玉祥、邓宝珊以及国民党上层人士于右任等人，更不要找他们来营救，说自己与他们私人感情虽好，但走的是不同的道路，如果去求他们说情，便是"丧失革命的人格"。这充分反映了刘伯坚在原则问题上毫不妥协的性格和在任何情况下都以党和人民的利益为重的崇高品质。

我。于、邓虽然同我个人的感情虽好，我在国外王叔振在沪时还承他们殷殷照顾，并关注我不要在革命中犯危险。但我为中国民族争生存争解放与他们走的道路不同。在沪晤面时，邓对我表同情，于说我做的事情太早。我为救中国而犯危险遭损害，不须要找他们来营救我，帮助我，使他们为难。我自己甘心忍受，尤其要把这件小事秘密起来，不要在北方张扬，使马二先生[1]知道了，做些假仁假义来对付我。这对于我丝毫没有好处，而只是对我增加无限的侮辱，丧失革命者的人格，至要至嘱（知道的人多了就非常不好）。

二、熊儿生后一月，即寄养福建新泉芷溪黄荫胡家。豹儿今年寄养在往来瑞金、会昌、雩都、赣州这一条河的一支商船上，有一吉安人罗高，廿余岁，裁缝出身，携带豹儿。船老板是瑞金武阳围的人，叫赖宏达，有五十多岁，撑了几十年的船，人很老实，赣州的商人多半认识他。他的老板娘叫郭贱姑，他的儿子叫赖连章（记不清楚了），媳女[2]叫做梁照娣，他们一家人都很爱豹儿，故我寄

---

[1] "马二先生"暗指冯玉祥。

[2] 媳妇。

交他们抚育。因我无钱，只给了几个月的生活费，你们今年以内派人去找着，还不致于饿死。

我为中国革命没有一文钱的私产，把三个幼儿的养育都要累着诸兄嫂，我四川的家听说久已破产，又被抄没过，人口死亡殆尽。我已八年不通信了。为着中国民族，就为不了家和个人。诸兄嫂明达，当能了解，不致说弟这一生穷苦，是没有用处。

诸儿受高小教育至十八岁后即入工厂作工，非到有自给的能力不要结婚，到卅岁结婚亦不为迟，以免早生子女自累累人。

叔振仍在闽，已两月余不通信了。祝诸兄嫂近好！

弟坚

三月十六于江西大庾

（第三封）

凤笙大嫂并转五六诸兄嫂：

弟于三月四日在江西信丰县唐村被粤军俘虏，押解大庾粤军第一军部，三月廿二日要在大庾被牺牲了。

弟在唐村被俘时，就决定一死以殉主义，并为中国民（族）解放流血，曾有遗嘱及绝命词寄给你们，不知收到没有？

弟为中国革命牺牲毫无遗恨，不久的将来，中国民族必能得到解放，弟的热血不是空流了的。

虎、豹、熊三幼儿将来的教养，全赖诸兄嫂。豹儿在江西，今年阳历二月间寄养到江西瑞金武阳围的船户赖宏达（四五十岁）老板。他的船经常往来于瑞金、会昌、雩都、赣州之间，他的老板娘名叫郭贱姑，媳妇叫梁照娣，儿子三十岁左右，名叫赖连章（记不清楚了）。另有吉安人罗高，廿四五岁，随行，是个裁缝。罗高很忠实很爱豹儿，他无论如何都同豹儿一起，你们在今年内可派人去找，伙食费只能维持四五个月。

熊儿生后一月即寄养福建连城属之新泉区芷溪乡黄荫胡家中，黄业中药铺，其弟已为革命牺牲，弟媳名满菊，扶养熊儿，称熊儿为子，爱如己出，因他（她）无子。

熊豹两儿均请设法收回教养。

诸幼儿在十八岁前可受学校教育，十八岁后即入工厂作工为工人。他们结婚更不要早，迟至三十岁左右再结婚亦不为迟，以免早婚多儿女累，不能成就事业。

最重要的，诸儿要继续我的志向，为中国民族的解放努力流血，继续我未完成的光荣事业。

这封信须要给叔振同志一阅，她可能已到沪了。

我已要求粤军枪毙我后葬在大庾梅关附近。

此致

最后的亲爱的敬礼

弟 刘伯坚

三月廿日于大庾

　　（给妻子）刘伯坚在就义前的最后一封信是给他爱人王叔振的，要求凤笙大嫂转交。

叔振同志：

　　我的绝命书及遗嘱你必能见着，我直寄陕西凤笙及五六诸兄嫂。

　　你不要伤心，望你无论如何要为中国革命努力，不要脱离革命战线，并要用尽一切的力量教养虎、豹、熊三幼儿成人，继续我的光荣的事业。

　　我葬在大庾梅关附近。

　　十二时快到了，就要上杀场，不能再写了，致以最后革命的敬礼。

刘伯坚

三月廿日于大庾

附：相关链接

1. 刘伯坚烈士纪念碑

刘伯坚烈士纪念碑位于四川省平昌县城北的佛头山半山腰，1986年落成。纪念碑以"忠魂盛开革命花，正气凛然照万代"为主题。刘伯坚烈士生平事迹陈列室内，史料、文物系统地展示了刘伯坚烈士的一生经历。

2. 刘伯坚烈士故居

刘伯坚烈士故居位于巴中市平昌县龙岗乡龙山寺村，为穿斗木结构民居，屋内陈设如旧，是刘伯坚烈士纪念馆的重要组成部分。

高君宇：

生如闪电之耀亮，死如彗星之迅忽

　　高君宇（1896—1925），原名尚德，字锡山，号君宇。山西静乐（今属娄烦县）人。中共早期著名的政治活动家、理论家，山西党、团组织创始人。1916 年考入北京大学地质系，在李大钊指导下，发起成立了北京共产党早期组织，是中国共产党成立时全国 50 多名党员之一，党的第二、三、四次全国代表大会代表，第二届中央执行委员。1924 年受李大钊委派，回山西参加建党工作，组建了中共太原支部。他曾经是孙中山的政治秘书，致力于国共合作，反对军阀政府。1925 年 3 月 5 日因病在北京病逝，时年 29 岁。

陶然亭公园的湖心岛有两座小山头，一座叫锦秋墩，一座叫燕头山。在锦秋墩北坡一片松荫下，并排而立的是两块汉白玉石墓碑，均为长方形竖石碑身，圭形碑首，顶尖如剑芒。碑首正中竖刻文字，一座为"吾兄高君宇之墓"，是高君宇胞弟高全德所立；一座为"故北京师范大学附属中学校女教员石评梅先生之墓"，遵照石评梅遗愿，朋友庐隐、陆晶清将其安葬在高君宇墓旁。

"生前未能相依共处，愿死后得并葬荒丘"，这是一对有情人忠贞不渝的爱情誓愿。高君宇，中国共产党早期著名政治活动家、理论家，在国共合作时期曾任孙中山秘书；石评梅，中国现代作家、诗人。

1925 年 3 月，高君宇由于长期积劳成疾，因急性阑尾炎发作而病逝，年仅 29 岁。高君宇生前曾向石评梅表白心迹，但石评梅当时抱有坚定的独身主义思想，回复道："我可以做你唯一的知己，做以事业为伴共度此生的同志，让我们保持冰雪友谊吧，去建筑一个富丽辉煌的生命！"高君宇表示理解："你的所愿，我愿赴汤蹈火以求之；你的不愿，我愿赴汤蹈火以阻之。"因此，高君宇的突然离去令石评梅痛悔不已，她为高君宇在碑侧题写了碑文：

"我是宝剑，我是火花。我愿生如闪电之耀亮，我愿死如彗星之

▲ 石评梅像

迅忽。这是君宇生前自题像片的几句话，死后我替他刊在碑上。君宇，我无力挽住你迅忽如彗星之生命，我只有把剩下的泪流到你的坟头，直到我不能来看你的时候。"

石评梅整理了高君宇留下的所有文字和书信，走进他的内心世界，体会他的人生理想、革命思想，融汇在自己的诗篇里。她用这种方式，思念他，纪念他。

石评梅常去高君宇的坟头哭祭，长期陷入哀思之中，"哀愁深埋在我心头。我愿燃烧我的肉身化成灰烬，我愿放浪我的热情怒涛汹涌。天呵！这蛇似的蜿蜒，蚕似的缠绵，就这样悄悄地偷去了我生命的青焰。我爱，我吻遍了你墓头青草在日落黄昏！我祷告，就是空幻的梦吧，也让我再见见你的英魂。"

▲石评梅像　　▲石评梅在高君宇墓前

1928 年 9 月，石评梅因病离世，年仅 27 岁，成为依着高君宇墓侧的一座"春风青冢"。两人的墓并称"高石墓"。

这是一曲令人肝肠寸断的爱情之歌，也是一曲将青春奉献给革命的热血之歌。

我们现在看到的"高石墓"为 1982 年重修而成，原碑已斑驳受损，陈列于慈悲庵"高君宇夫妇事迹展室"。慈悲庵，是创建于元代的古刹，与"高石墓"南北相望，在湖心岛西南角的高台上。

在空间上，慈悲庵容纳了历史上的高石墓墓碑原件；在地理上，慈悲庵与现在重修的高石墓南北相望，仿佛是一则关于五四运动精神生生不息的寓言。

五四运动后，慈悲庵是李大钊、毛泽东、周恩来等老一辈革命家开展革命活动的地方，而高君宇是五四运动的重要参与人，他率领进步学生示威游行，冲入曹汝霖内宅，痛打章宗祥，火烧赵家楼。

★

中国青年革命之健将

高君宇 1916 年考入北京大学理科预科，"立意深造，勤苦力学"，两年后，转入地质学系继续深造，1922 年毕业，在北大度过了 6 年的大学生活。

从 1916 年到 1922 年这 6 年中，中国历史发生了根本转折，中国革命发生了深刻变化，北京大学也经历了具有重要意义的变革。在这样的历史环境中，高君宇由一名普通的进步青年成长为中国早期的坚定的共产主义战士。

1916 年 12 月 26 日，蔡元培被北洋政府教育部任命为北大校长，1917 年 1 月 4 日到校任职。蔡元培在就职演说中指出："大学者，研究高深学问者也。""大学生当以研究学术为天职，不当以大学为升官发财的阶梯。"随即推行了全面的整顿和改革，广招学识丰富且有革新精神的教授、专家来北大任教，提倡思想自由，几乎每周都举办学术讲座，各类学术、政治团体纷纷成立。

高君宇积极参加各种进步社团，广泛接触进步思想，《晨报》《新青年》都是他每日必读的报刊。同时，他也着眼于各门类学科的通识学习。1919年，美国哲学家杜威来中国讲学，做《教育哲学》的演讲时，由胡适担任翻译。高君宇每次前往听讲都做了非常详细的笔记，《北京大学日刊》分12次刊登了他的笔记。

延续了从中学时代就有的一股为改造社会而献身的精神，在接受在校学习与思想洗礼的同时，高君宇时刻关注着祖国的命运和国家的危亡，"宇目击时艰，痛国沉沦""求学之余，兼留意政治"。1915年，袁世凯和日本帝国主义签订了卖国的"二十一条"。高君宇不顾反动政府的镇压，和同学们一起愤然走上街头参加反袁斗争。进入北大后，他则"颇着意于改革社会"。

1919年5月1日凌晨，中国在巴黎和会上谈判失败的消息传到了北京大学。高君宇等具有一腔爱国热血的青年学生愤怒无比，纷纷议论和商讨对策，决心起而抗争。当天下午，高君宇和其他国民杂志社成员在西斋饭厅召开紧急会议，决定于5月3日晚，在北大三院召开全体学生大会，掀起大规模群众斗争。

5月3日，北大全体学生大会召开，会上学生们群情激昂，慷慨陈词，声泪俱下，甚至有人断指写血书，表达誓死维护祖国权益的决心。会议决定：致电巴黎中国参加会议代表，拒绝在和约上签字；通电全国各省5月7日统一行动，敦促北洋当局"外争国权，内惩国贼"；

▲高君宇写给石评梅的信件原稿（北京大学）

同时决定 5 月 4 日在北京举行各校爱国学生大游行，唤起民众一起与北洋政府的卖国行为做斗争。

1919 年五四运动爆发，高君宇是学生示威游行的组织者和领导人之一。他身处游行队伍前列，冲破北洋军阀政府教育部代表的阻拦，率领北京各校同学 3 000 余人集聚在天安门前。

队伍从天安门广场出发，经中华门来到各国驻中国使馆区——东交民巷巷口。北洋政府和外国使馆早有预谋，他们设置障碍，禁止游行学生通过。学生代表和使馆几经交涉，并向美国使馆送了"说帖"，但东交民巷使馆区始终禁行，学生愤怒至极，痛感"国犹未亡，自家大地已不许我通行，果至之后，屈辱痛苦，又将何如？"

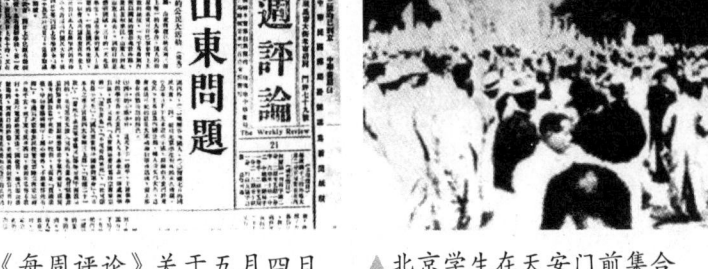

▲《每周评论》关于五月四日
北京游行的报道　　▲北京学生在天安门前集合

　　游行学生当即决定北转户部街、东长安街，直奔赵家楼胡同卖国贼曹汝霖住宅处示威。曹宅铁门紧闭，无法入内。高君宇带领学生们攀越墙头，破窗而入。曹汝霖藏匿不见，章宗祥却被逮个正着。高君宇等十几个学生将章宗祥痛击在地，而后放火焚毁了赵家楼曹宅，上演了五四运动壮丽的一幕。高君宇也因其"弘毅果敢"的爱国壮举，被誉为"中国青年革命之健将"。

　　在五四运动的风暴中，高君宇全力以赴，"奔走呼号，久而愈烈。遂因积劳过度而患呕血者二次"。毛泽东曾指出："五四运动的发展，分成了两个潮流。一部分人继承了五四运动的科学和民主的精神，并在马克思主义的基础上加以改造，这就是共产党人和若干党外马克思主义者所做的工作。另一部分人则走到资产阶级的道路上去。"每一个参加过五四新文化运动的知识分子都面临这两种选择。高君宇经过

▲北京大学马克思研究会部分会员合影

五四运动的洗礼，亲眼看到人民的力量，使"宇之志益坚，宇之猛烈益甚"。从此，他毅然决然走出书斋，在李大钊、邓中夏等师友的指引下，高举五四的旗帜，走向更广阔的社会，在改造社会的积极斗争中，探求真理，改造自我。

我只是历史使命的走卒

1920年3月，北大马克思学说研究会成立，这是我国最早研究和宣传马克思主义的革命团体之一，高君宇是研究会19名发起人之一。研究会广泛搜集、采购各种文本的马克思主义文献、书报杂志达数百种之多，并建立了自己的小图书馆"亢慕义斋"。在研究会中，同学们还分成若干学习小组，通过专题的形式展开研究，然后集体讨论，不断加深对马克思主义基本原理的理解。高君宇在研究会中比较系统地学习了马克思主义理论，思想水平和认识都产生了很大的飞跃。

大浪淘沙，风卷残云。高君宇顺应历史的选择，从思想到行动，积极参与到改造社会的历史洪流之中。1920年10月，他在李大钊指导下，发起成立了北京共产党小组。11月，他被选为北京社会主义青年团第一任书记。1921年7月，中国共产党第一次全国代表大会在上海召开，高君宇是中国共产党成立时全国58名党员之一。就在此前不久的4月，高君宇曾写信给石评梅说，"决心来担我应负改造世界的责任了""我要我的意念和努力完全贯注在我要做的'改造'上去了""我们只是往前抢着走罢，我们抢上前去迎未来的文化罢！"

"负改造世界的责任""往前抢着走""抢上前去"，包含着果敢的行动与必胜的信念。1923年二七大罢工，高君宇在长辛店直接领导工人运动。二七惨案后，他既写文章又编撰出版《二七工人流血记》，揭露军阀罪行。在这本书的后记中，他写道："我们决不灰心！我们从事的是一个很长远的战争，这回失败不过是我们开场的暂而且小挫折罢，我们决然要继续这个战争，最后的胜利一定是我们的！"

高君宇患有肺病，经常咯血。然而，他"从事民众运动，七八年来无间歇"，往往"辗转东西，劳顿于亡命"。

▲李大钊、邓中夏、恽代英、高君宇等在慈悲庵内的活动地点

▲李大钊（后排左四）、高君宇（后排左二）等合影

　　高君宇任中共中央机关报《向导》周报编辑期间，为紧密配合国内外革命运动的斗争形势，常常伏案疾书至深夜，甚至通宵达旦，撰写了一篇篇旗帜鲜明、文风犀利、富有战斗性的文章。李大钊称赞其"建党初期理论家，高公健笔人人夸"。为节省时间，高君宇固定在一家小饭铺吃饭，并且立了吃饭折子，吃一顿记一笔，到时统一结算。一次他带弟弟高全德去吃饭，弟弟发现折子上有好些日子没有吃饭记录，原来，高君宇工作忙起来连跑饭铺的时间都省了，有沿街叫卖烧饼或烤白薯的路过，顺便买上两个，就点开水就是一顿饭了。

　　1924年10月，冯玉祥发动北京政变，推翻了曹锟政府，孙中山为谋求国家和平统一毅然接受冯玉祥、段祺瑞等的邀请，离粤赴京。高君宇作为中共代表，陪同孙中山先生经过20多天的旅程，于12月4

日抵达天津。一路上高君宇劳苦过甚，到天津后即咳血病倒，住进德国医院。病情稍微缓解后，高君宇又出席了1925年1月在上海召开的中共四大和3月的国民会议。

在上海期间，高君宇结识了周恩来，两人相谈甚欢，甚至谈及彼此的爱情生活。会后，周恩来委托高君宇带给在天津的邓颖超一封信。1982年9月，邓颖超在给《石评梅作品集》作序中谈到这件事："于是高君宇同志做了我和恩来同志之间热诚的'红娘'，而恩来同志又做了我得见君宇同志的介绍人。我和君宇同志的那次亲切的会见，他给我留下深刻的印象。他是一个温和而又沉着，内心蕴藏着革命的热情，而从外貌看上去也较为成熟的青年。"

高君宇逝世前，明知自己身上"数架机器不堪耐用"，但仍坚持工作。住院期间，他仍在抓工作。他的枕旁堆着成沓的文稿，他床头的小几上放着红笔、剪刀和糨糊瓶。他斜倚在枕上，边一口又一口地吐血，边忙于选编《向导》。

由于长期的劳累和肺病的折磨，再加上突患急性阑尾炎，1925年3月6日，高君宇与世长辞，年仅29岁。《向导》编辑部撰写了《悼我们的战士》一文，对他进行了沉痛的哀悼："君宇再不能以文字与读者诸君相见了！但他那热烈的革命精神永留在本报，也便永留在读者诸君的记忆之中！呜呼！君宇死了！君宇的精神仍时时在读者诸君的

▲高君宇、石评梅雕像

前面徘徊呵！"

　　高君宇在写给石评梅的信中说："我是有两个世界的：一个世界一切都是属于你的，我是连灵魂都永禁的俘虏；在另一个世界里，我是不属于你，更不属于我自己，我只是历史使命的走卒。"

　　高君宇，生如闪电之耀亮，死如彗星之迅忽。

附：家书一封

评梅先生：

十五号的信接着了，送上的小册子也接了吗？

来书嘱以后行踪随告，俾相研究，当如命；惟先生谦以"自弃"自居，视我能责以救济，恐我没有这大力量罢？我们常通信就是了！

"说不出的悲哀"，这恐是很普遍的重压在烦闷之青年口下一句话罢！我曾告你我是没有过烦闷的，也常拿这话来告一切朋友，然而实际何尝是这样？只是我想着：世界而使人有悲哀，这世界是要换过了；所以我就决心来担我应负改造世界的责任了。这诚然是很大而烦难的工作，然而不这样，悲哀是何时终了的呢？我决心走我的路了，所以对于过去的悲哀，只当着是他人的历史，没有什么迫切的感受了。有时忆起些烦闷的经过，随即努力将他们勉强忘去了。我很信换一个制度，青年们在现社会享受的悲哀是会免去的——虽然不能完全，所以我要我的意念和努力完全贯注在我要做的"改造"上去了。我不知你为何而起了悲哀，我们的交情还不至允许我来追问你这样，但我可断定你是现在世界桎梏下的呻吟呵！谁是要我们青年走他们烦闷之路的？——虚伪的社会罢！虚伪成了使我们悲哀的原因了，我们挨受的是他结下的苦果！我们忍着让着，这样唉声叹了去一生吗？还是积极的起来，粉碎这些桎梏呢？都是悲哀者，因悲哀而失望，便走了消极不抗拒的路了；被悲哀而激起，来担当破灭悲哀原因的事业，就成了奋斗的人了。——千里程途，就分判在这一点！评梅，你还是受制度于运命之神吗？还是诉诸你自己的"力"呢？

愿你自信：你是很有力的，一切的不满意将由你自己的力量破碎了！过渡的我们，很容易彷徨了，像失业者踯躅在道旁的无所归依了。但我们只是往前抢着走罢，我们抢上前去迎未来的文化罢！

好了，祝你抢前去迎未来的文化罢！

君宇，静庐

一六，四，一九二一

附：相关链接

1. 高君宇故居

高君宇故居，位于山西省太原市娄烦县静游镇峰岭底村，以传统的砖窑洞为主，依山而建，坐北朝南，是典型的晋西北农村建筑。走入正门，有一尊高君宇的立姿铜像。

2. 高石墓

高石墓位于北京西城区陶然亭公园湖心岛北部锦秋墩北坡下，1982年修复。并排而立的两块汉白玉石墓碑，均为长方形竖石碑身，圭形碑首，顶尖如剑芒。碑首正中竖刻文字，一座为"吾兄高君宇之墓"，是高君宇胞弟高全德所立；一座为"故北京师范大学附属中学校女教员石评梅先生之墓"，遵照石评梅遗愿，朋友庐隐、陆晶清将其安葬在高君宇墓旁。两座墓碑的原件陈列于陶然亭公园慈悲庵"高君宇夫妇事迹展室"。

王若飞：

万里赴戎机，关山度若飞

　　王若飞（1896—1946），原名荫生，号继仁，曾用名王度、雷音，参加革命深入敌后化名黄敬斋，出生于贵州安顺，中国无产阶级革命家，"四八"烈士之一。青年时代，王若飞曾参加过辛亥革命和讨伐袁世凯运动。1919 年冬赴法国勤工俭学。1922 年 6 月，王若飞与赵世炎、周恩来等发起成立"旅欧中国少年共产党"。不久，由法国共产党党员转为中国共产党党员。1923 年赴苏联学习。1925 年回国，先后任中共豫陕区委书记、中共中央秘书长、江苏省委农委书记等职。1928 年任中共驻共产国际代表。1931 年夏回国，同年 10 月，在绥远包头被国民党当局逮捕。1937 年夏经营救出狱后，历任中共陕甘宁边区宣传部部长、八路军副参谋长、中共中央秘书长等职。在中共七大上被选为中央委员。抗战胜利后，作为中共代表团代表之一，与毛泽东、周恩来赴重庆谈判，同国民党政府签订了著名的《双十协定》。1946 年 4 月 8 日，王若飞乘飞机回延安，因飞机失事于山西兴县黑茶山不幸遇难，终年 50 岁。

1946年4月8日，山西兴县黑茶山山上飘雪，山下下雨，气候恶劣。下午两三点钟，忽然传来巨大的轰鸣声，隐约可见一架飞机低空疾飞，几乎都贴到树梢了，紧跟着是剧烈的爆炸声。飞机失事了！

这就是"四八空难"。四八烈士陵园纪念碑碑文上记载了遇难的经过："八日下午二时许，飞机抵延安上空，是时，雨雾沉沉，乌云低暗，能见度极差，与地面失去联系，只得返回西安，不幸途中迷失方向，误入山西兴县境内，与海拔两千余米之黑茶山相撞，同机十三位同志及美国四名飞行员，计十七人全部遇难！"

"噩耗传来，举国震惊，四海同悲。全国各地迅速掀起声势浩大的悼英烈、反内战、要和平之新浪潮，边区参议会为此休会一日，并通令边区悬半旗三日、停止娱乐一月致哀。"4月19日，"延安各界三万余人隆重举行葬仪和追悼大会"。周恩来在《新华日报》发表署名文章《"四八"烈士永垂不朽》，他说："二十多年来，成千成万的战友和同志，在共同奋斗中牺牲了，但没有一次像你们死得这样突然，这样意外。突然的袭击，意外的牺牲，使我们更加感觉到这真是无可补偿的损失。"陈毅伤心难当，著《哭若飞》诗叹："廿年患难知交久，失事高空恨更长。"

▲ "四八"烈士追悼会　　　　▲ C47 运输机

太意外了。他们乘坐的美国 C-47 式运输机，是第二次世界大战中的主要军用运输机，主要用于空运物资和兵员，也可空投伞兵。该运输机飞行状态稳定，时速较高，有"空中列车"之称，简直不能想象它也会发生空难！以致 60 年后还有人在曲解这段历史。2006 年，某家报纸发了篇文章，说"四八空难"是国民党军统特务一手制造的，当时很多媒体和网站都转载了这篇文章，但经反复核查，文章漏洞百出，内容纯属子虚乌有。

也许，人们只是不愿意相信他们就这样牺牲了。在这些烈士中，王若飞、秦邦宪、黄齐生等之所以要赶着回延安，是想回来与中共中央商讨进一步的策略，因为他们在会上提出的重要协议、方案等遭到了国民党反动派的重重阻挠。而在前一年，王若飞和周恩来刚完成了 43 天的重庆谈判，与国民党当局签订了《政府与中共代表会谈纪要》（即州区中《双十协定》），国共和谈的和平进程非常紧迫。所以，周恩来痛悼王若飞，"失掉了他，好像失掉了一种力量，失掉了一种鼓励，失掉了一个帮手"。

★

谈判高手，曾经丧失语言能力

《双十协定》写在国民参政会秘书处制的信笺上，有"双方各派出代表""中共方面为周恩来、王若飞两先生"字样，以及"友好和谐的空气中进行商议"的表达，但实际上是王若飞与周恩来有力而默契的配合，揭穿了蒋介石假和平真内战的面目，才在谈判中赢得了主动地位。

在 1945 年 9 月 4 日的谈判中，有一次激烈的交锋。在就国共关系实质性问题进行商谈的环节中，王若飞单刀直入地说："昨天周恩来同志所提之十一条，你们即可就此考虑，何者可以同意，何者尚须商量，便可提出讨论。"

遵循蒋介石的授意，张治中开口说："你们提出的十一条建议与我们设想的方案实在是距离太远，根本无从讨论。"张群立刻接过去说："特别是九、十两点，要求国民党承认共产党领导的军队和解放

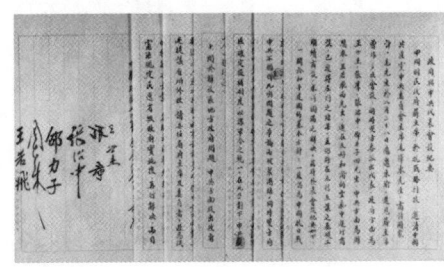

▲《双十协定》复印件

▲ 1945 年 8 月 28 日，王若飞（左五）在延安机场和毛泽东、周恩来、赫尔利（左三）、张治中（左一）等合影

区政权问题，简直是持武装向中央要地盘，踏军阀时代的覆辙。"

王若飞义正词严地驳斥说："你们国民党在沦陷区大肆收编汉奸伪军，而对我抗日部队却百般刁难，企图取消，竟然还以封建军阀割据来比拟中国共产党。"他据理力争道："今天国共双方谈判，要求将问题解决，必须承认事实，必须根据事实。国共两党的关系非自今日开始，自抗战以来，彼此间即存在许多问题，我党今日有敌后军队与解放区政权，这是一种客观事实。如不承认客观事实，而用武力解决则为今日国情所不容许，而且为我党坚决反对。不承认事实，国共双方之问题则难以解决。"在王若飞表明了坚决的态度之后，周恩来环顾四周，郑重地说："我党已提出了解决问题的方案，而国民党所准备的具体方案如何？"国民党谈判代表无言以对。

此后 1 个月里，王若飞同周恩来接连与国民党代表又进行了十几次谈判，特别在军队、解放区政权和国民大会等问题上进行了激烈的说理斗争。1945年10月10日双方最终达成《双十协定》。在《双十协定》中，国民党不得不同意中国共产党提出的和平建国的基本方针，承认"以和平、民主、团结、统一为基础""长期合作，坚决避免内战，建设独立、自由和富强的新中国"。沈钧儒高度评价王若飞在参加重庆谈判中的表现，说他"那一种韧性的辩争，众口纷拏，屹然不动，虽有责难弗避，真不愧为民主战士的前导"。

对于原则性问题，王若飞在谈判桌上与国民党当局进行着果断决绝的较量，而对于民主党派，王若飞又是一名贯彻执行党的统战政策的能手，善于团结合作。1946年1月10日，政治协商会议在重庆开幕。会议代表被分成5个小组，王若飞同董必武、国民党代表王世杰、民盟代表罗隆基等组成1个小组，主要讨论政府改组的问题。小组会上，王若飞坦荡、坚韧、博学，赢得了罗隆基的钦佩和敬重，罗隆基曾深有感触地说："我当时的确钦佩共产党王若飞代表，是政治斗争中一员杰出的能将。在小组讨论时，他攻的时候总是勇猛，他守的时候真是坚强。"早期的中国共产党领导人罗亦农这样评价王若飞："头脑敏锐，分析问题透彻、深刻，有雄才大略，善于联络人、团结人，是我党难得的领导人才。"

但是恐怕没有人会想到，这位颇具口才的革命家，曾经一度丧失

▲泰安客栈旧址　　　　　▲原泰安客栈 3 号房间

语言能力。1937 年 5 月，抗日民族统一战线基本形成，党组织将王若飞营救出狱。由于他长期被关押在黑暗的单人牢房，看不见，听不着，精神受到极大摧残。妻子李培之与之见面时发现他说话已经很困难了。他常常一个人呆呆地坐着，自言自语。彭真后来回忆，王若飞去修手表时，把"表蒙子"说成"表锅盖"。

★

鼓动宣传，铁窗难锁钢铁心

泰安客栈，坐落于包头市东河区通顺街 3 号，现为包头市王若飞纪念馆。1931 年 9 月，王若飞同志以中共西北特别委员会书记的身份，从共产国际来到绥远，领导西北地区的革命斗争，在此期间，他就住在泰安客栈。同年 11 月 21 日晚，因叛徒出卖，他在客栈 3 号房间被捕。

　　王若飞曾在自传中描述过这段惊险经历。他是在凌晨两三点钟被捕的，当时突然"有十几个警察宪兵闯进来""满屋搜索，未找出什么"，就把他带到公安局进行全身搜检。他"趁解衣脱手时急将藏于里裤之文件""塞于口内"，但是被宪兵卡住了喉管，没办法吞下，"只有尽力的咬烂"。由于文件有 7 页纸，又都写在洋信纸上，"纸质好而多、不易消化，延至二三分钟气接不上来"，最后，文件还是被宪兵"残狠的从口内掏出"了。当晚审讯时，王若飞认为文件已经咬烂了，"什么也不承认"。没想到，"第二天早上他们将文件烘干烫平"，进一步追审，王若飞不惧"任何威胁""坚拒回答"。

　　王若飞与包头伪警察的对话大义凛然："你是什么人？""共产党人。""你从哪里来？""江西瑞金。""是谁派你来的？""毛泽东。""你来干什么？""推翻你们。""你们的人在哪里？""到处都有。""你把他们供出来！""比上天也难。"

　　当时王若飞以客商"黄敬斋"的身份为掩护。为何取名"黄敬斋"？原来，王若飞 8 岁后由舅父黄齐生抚养，他的成长完全得益于舅父的教导，他曾跟随舅父到日本、法国留学，舅父名为黄齐生，王若飞便随舅父的姓取了这个名字。黄齐生，教育家、爱国民主人士，和王若飞一起参加了 1946 年的政协会议，也是"四八"烈士之一。毛泽东称赞他是"共产党最艰难的时候，党外人士同情爱护党的第一人"。

王若飞化名"黄敬斋"被投入监狱。1933 年 1 月，他写信给表姐夫熊铭青，描写了监狱的阴暗潮湿对身体的极端侵蚀，"居狱中久，气血渐衰，皮肉虚浮，偶尔擦破，常致溃烂。盖缘长年不见日光，又日为阴湿秽浊所熏染。譬之楠梓豫章之木，置之厕所卑湿之地，亦将腐朽剥蚀也"。"又冬令天短，云常不开；又兼房为高墙所障，愈显阴黑，终日如在昏暮中，莫能细辨同号者面貌。"

王若飞处境维艰，但依然保持着精神上的健康。"精神甚为健康，绝不效贾长沙之痛哭流涕长叹息，你惟坚忍保持此健康之精神。""弟并无丝毫悲观颓丧之念也。""弟处逆境，与普通人不同处，即对于将来前途，非常乐观。这种乐观，并不因个人的生死或部分的失败、一时的顿挫，而有所动摇。"

马寅初称赞王若飞："确有'夫人不言，言必有中'的本领""有'说得出做得成'的才能。"王若飞在狱中开展写作、宣传、教育难友、组织绝食、改善饭菜、锻炼身体等多种形式的斗争与活动，始终保持着革命的乐观主义精神，并用自己的行动影响着难友。

在狱中，王若飞对狱友的悲观情绪进行疏导，"我尽力慰解彼等，导之有希望，导之识字读书，导之行乐开心（下棋唱歌）"，让狱友们看到"人世间尚有其他痛苦存在，不可只看到自己也"。甚至会调侃目前的处境，"我们是世间上最幸福的人。每天一点事不做，一点

▲ 1937 年夏，王若飞（右一）在太   ▲ 1937 年 4 月，王若飞出狱后和妻子
原和舅父黄齐生（中坐者）、妻子李   李培之在太原团圆
培之、堂弟王景任合影

心不操，到时候有人来请睡，一睡就是十四点钟；早上有人来请起，
饭做好了就请我们吃；难道还不够舒服么？"

　　在监狱里，王若飞发展了一名地下党员，他就是看押王若飞的狱
警张友明。王若飞在监狱里，所有的信件都是通过张友明向外界传递的。
在狱中，王若飞一般用火柴头蘸着墨写字，有一次，他通过张友明买
来一支毛笔，把整个笔杆锯掉，用手指缝夹着笔头写字，写的条子都
是蝇头小楷，以防被外人看见。

　　在信中，王若飞也流露出了自己的未申之志："弟现时所最难堪者，
为闲与体之日现衰弱，恨不能死于战场耳！每日天将明时，枕上闻军
营号声，不禁神魂飞越！嗟乎！吾岂尚有重跃马于疆场之日乎？"

　　后来他在给舅父中的信中反省，自己情绪波动可能是天气的原因：
"数日前提笔给铭兄写信时，正当岁尾年头，不免有刘玄德髀肉复生

之感，故语气亦自然反映出一些感慨之言。""冬令天短，房中常是阴暗，自然使精神上也受些影响，好在现已交春，天气渐暖，日光春风能渐送人，身体亦当较现状为佳。"最后请舅父放心："甥之精神并无丝毫颓丧，所以一切能熬耐，务请舅父不必挂念。"

敌人提审王若飞，一直得不到想要的情报，于是搞了一次假枪毙，想以此击垮他的意志。前面 3 个人都真的被枪毙了，但这并没有吓倒他。当枪毙不能使王若飞屈服时，敌人便将他单独关进了不见天日的小黑牢。

在被羁押的 5 年 7 个月的时间里，王若飞早早做好了牺牲的准备，他把西装的内衬撕下来给爱人写了诀别信，交代舅父："我妻现在闽北，干戈遍地，音信难通，特留数行，请舅父代为保存，将来有机会见面时交给她。"

"忘掉我吧！不要为我的牺牲而悲伤。我们在红旗下聚集，又在红旗下分手。战士们虽然在红旗下倒下，但革命的红旗却永远不倒。它将随着战士的血迹飘扬四方！这就是我们的胜利，请您伸出双手，来迎接我们的胜利吧！"

这就是王若飞的"钢铁心"——彻底的革命乐观主义精神与坚定的共产主义信仰。他在短文《生活在微笑》中写道："死里逃生唯斗争，铁窗难锁钢铁心。"

附：家书三封

王若飞致舅父

亲爱的舅父 [1]：

吾幼受舅父教养之恩，未有寸报；孤苦老母，未受我一日之奉养；今日被捕，又劳舅父于风雪残冬远来塞外看视。尤其令我感激的是，舅父能了解我，不以寻常儿女话相勉。吾观舅父精神仍如往昔，又知老母至亲骨肉均各无恙，以后清贫之生活，亦尚能维持，使我更无所念。

舅父所著书及诗，尚未奉读。他日读后，如有所见，能写信时，自当奉告。吾尝谓舅父思想行动为托尔斯泰伯爵一流人物。托氏身为贵族，然极不满上层社会残暴豪华的生活，十分同情于下层平民被践踏的生活，愿意到平民中去生活并帮助他们。可惜他只有满腔

[1] 舅父：即黄齐声先生（1879—1946），贵州安顺人。著名教育家，终生献身于教育事业。他抚育王若飞长大成人，赞助王若飞从事革命工作。王若飞被捕后，他不畏艰险，设法营救。1946年4月8日，与王若飞等同志同机遇难，享年67岁。

的同情心，而没有使穷苦群众得到解放的方法，所以他只能是穷苦群众的好友，而不是革命的领导者。这是我与舅父思想行动分歧的地方。舅父思想，宗教色彩甚浓，我则绝不信宗教。

一切宗教哲学的发生，都是当时当地社会的反映。时代变动，环境变动，这些宗教哲学也必然要随之变动。现在回、耶、佛等教已非最初的本来面目。我之读宗教书籍，只是为知道当时及现在人们的社会生活，怎样在思想上反映出来。我们的哲学，是认为一切东西都是在流动变化着。我们不仅要认识世界，而且是要改造世界。这样的精神观与《金刚经》所谓"一切有为法，如梦幻泡影，如露亦如电，应作如是观"的静的观点相反。以上请舅父恕我狂妄的批评。

我妻现在闽北，干戈遍地，音信难通。特留数行，请舅父代为保存，将来有机会见面时交给她。舅父此来，情义已尽。塞外苦寒，不敢久留。舅父回去时，对诸挚爱亲友，均请代甥问安。

甥 若飞书

一九三二年一月七日

王若飞致表姊婿熊铭青书

铭兄[1]：

岁尾年头，最易动人怀抱。况我今日处境更觉百感烦心，念国难之日急，恨己身之蹉跎，冲天有志，奋飞无术。五更转侧，徒唤奈何！虽然楚囚对泣，惟弱者而后如此。至于我辈，只有隐忍以候。个人生命，早置度外。居狱中久，气血渐衰，皮肉虚浮，偶尔擦破，常致溃烂。盖缘长年不见日光，又日为阴湿秽浊所熏染。譬之楠梓豫章之木，置之厕所卑湿之地，亦将腐朽剥蚀也。又冬令天短，云常不开；又兼房为高墙所障，愈显阴黑，终日如在昏暮中，莫能细辨同号者面貌。人间地狱，信非虚语。有人谓矿工生活，是埋了没有死，大狱生活，是死了没有埋。交冬以来，吾日睡十四小时（狱规：晚六时即须就寝，直至翌晨八时天已大明方许坐起），真无殊长眠。当吾初入狱时，见一般老难友对于囚之死者，毫无戚容，反谓"官

[1] 即熊铭青。熊铭青是王若飞大舅父黄干夫的二女婿，曾留学美国，时任东北大学教授，九一八事变后，随学校迁到北平，这时黄齐生也在北平，两人经常见面。

司打好了"，深诧其无情。后乃知彼等心理皆以为与其活着慢慢受罪，反不如一死爽快也。每月逢七、一日允许囚人亲友来监探视，难友皆戏称此接见日为"上坟""烧纸"，狱囚每月有来"烧纸"者，约三分之一。此辈获亲友银钱之接济，生活自较完全无人"上坟""烧纸"者为好。一般完全无人"上坟"者，只有盼望每年狱中例给之三次馒头（平日均食小米，惟元旦、端午、中秋给一餐馒头）。因而患病，是最苦事。吾所居号对面，相距数尺，即为病号，早晚时闻号呼惨痛之声。吾于彼等，不哀其死，而伤其病。虽常给以物质帮助，然鬼而为鬼烧纸，所能分惠亦不多也。

以上琐琐叙述大狱生活，吾兄阅后，或将以为弟居此环境中，将如何哀伤痛苦，其实不然，弟只有忧时之心。一息尚存，终当努力奋斗。现时所受之苦难，早在预计之中，为工作过程所难免，绝不值什么伤痛也。因此弟之精神甚为健康，绝不效贾长沙之痛哭流涕长叹息；惟坚忍保持此健康之精神，如将来犹有容我为社会工作之机会，固属万幸。否则亦当求在狱能比较健康而死。弟并无丝毫悲观颓丧之念也。与吾同号者，尚有五人，彼等官司皆在十年以上，时常咨嗟太息，以为难望生出狱门，我尽力慰解彼等，导之有希望，导之识字读书，导之行乐开心（下棋唱歌），一面使彼等有生趣，一面使我每日的生活亦不空虚。当彼等诅咒此大狱生活时，我尝滑稽的取笑说："我们是世间上最幸福的人。每天一点事不做，一点心不操，到时候有人来请睡，一睡就是十四点钟；早上有人来请起，饭做好了就请我们吃；上厕所还有人跟随；冬天又烧火炕，难道还不够舒服么？"同时又叙述遭受天灾或兵灾区域难民的痛苦，冰天雪地中沙场战士的生活，我们较之，实已很舒服。自然任何人都愿在沙场争战而死，不愿享受大狱的舒服。吾之为此言，一面取笑，一面亦示人世间尚有其他痛苦存在，不可只看到自己也。即如吾兄现时之生活，想来亦必有许多难处，不过困难内容性质与弟完全不同耳。弟处逆境，与普通人不同处，即对于将来前途，非常乐观。这种乐观，并不因个人的生死，或部分的失败，一时的顿挫，而有所动摇。弟现时所最难堪者，为闲与体之日现衰弱，恨不能死于战场耳！每日天将明时，枕上闻军营号声，不禁神魂飞越！嗟乎！吾岂尚有重跃马于疆场之日乎？

弟 若飞

一九三三年一月

以上为二十三日（即昨日）所书，今晨于放厕时，忽闻可惊之消息，即由军犯口中传出，得之于昨日望彼等之友人所言，云日军已攻下山海关，正进犯热河，傅主席将率三十五军东上作战。

又：前日因闻日军攻下榆关，进犯热河，傅作义主席将率兵东上作战之讯，精神至为兴奋，因想写一信致傅，说明我对抗日战争的工作意见，并对我个人问题有所要求，现此信已写好，将托狱长寄出，特抄在下面，请转给舅父一阅。

王若飞致舅父书

亲爱的舅父：

今日得读舅父一月十八日来信，并汇来洋五元，前次汇来十元亦已收到，因上次发信时，写的过多，竟忘告诉。舅父对我生活如此关切，真是说不出的感激。前日由高等法院转来绥远省政府发还存款尾数五十七元三角（因为从前领过五十元绥币，合大洋二十元，所以此时实发三十七元三角）给我狱中零用，至于全部存款，须候本案判决，始能定夺。所以我现时的钱，已够一年的花销，以后请舅父不必再为挂念。

舅父信谓改造社会与打破环境之人，必须注意个人环境的修养而后可以取信于人，这是很对的。舅父举中庸之好学、力行、知耻相勉，自当接受。好学、力行的功夫，尚不困难，"知耻近乎勇"，是含有很大意义的。常见一般人，总喜欢掩饰自己的错误，掩饰自己的缺点，掩饰自己的不能，去盗名窃信，而终于站不住脚。只有真正的大勇者，才不以名位系心，才不以明白的承认自己的弱点为可耻；而以不知自己的弱点，不能除去这些错误弱点为可耻，努力的实行"过则勿惮改"的精神，努力的除去自己的弱点。所以"知耻近乎勇"，能知耻者，终必成事。

舅父寄来历史图说，已看见秦良玉一套，编印都很好。还有五套在科内，尚未交下来，舅父题郑子尹先生巢经巢诗钞，及郑先生醉寄内妹诗，均已反复讽诵，颇感兴趣。

数日前提笔给铭兄写信时，正当岁尾年头，不免有刘玄德髀肉复生之感，故语气亦自然反映出一些感慨之言。现在狱中对于健康颇知注意，近来尤特别于饮食及清洁加意。更可告慰者，是甥之精神并无丝毫颓丧，所以一切能熬耐，务请舅父不必挂念。冬令天短，房中常是阴暗，自然使精神上也受些影响，好在现已交春，天气渐暖，日光春风能渐送入，身体亦当较现状为佳。

近日传闻日军已占山海关，进攻热河，必然要使华北震动，舅父原已定期南下度岁，竟反因此不走，以视一般之临难苟免、仓皇远避者，愈见舅父精神之不可及。传说是战争甚紧，绥远傅主席[1]将率三十五军东下参加作战。我未能看见报纸，不知中国是否已经

---

[1] 傅主席：即傅作义，时任国民党绥远省政府主席。

对日绝交宣战，实行抵抗，实力夺回东三省，抑或只是增加防御。如果真是已经绝交宣战，则这个战争与其意义十分重大。我认为这个战争是中国民族革命战争，每个真正的革命者，都应参加这个战争，拥护这个战争的胜利。所以我写了一封信给傅作义主席，说明我对于这个民族革命的抗日战争的意见，并要求能给我以实际参加的机会，使我的血能流在这伟大的革命战争中。也许我的意见我的要求很难被采纳。但我的信是每个真正的革命者在这严重的局面下，在这关系民族存亡的革命战争中必须有的表示。我将原信抄在铭青兄信后，嘱代转送舅父。今接舅父信知他将南迁，所以连给他的信一并都寄交舅父。祝舅父健康！

甥　若飞

一九三三年一月三十日

附：相关链接

1. 包头市王若飞纪念馆

原为泰安客栈，位于包头市东河区通顺街 3 号。1931 年 9 月，王若飞以中共西北特别委员会书记的身份来到内蒙古，领导内蒙古地区和西北地区的革命斗争，在此期间，住在泰安客栈。同年 11 月 21 日晚，因叛徒出卖，在客栈 3 号房间被捕。

为纪念王若飞 1931 年在内蒙古从事革命活动的光辉业绩，包头市政府于 1962 年在原泰安客栈旧址建成了王若飞纪念馆。

纪念馆常年展出革命文物 30 余件，包括：王若飞穿过的西服 1 件(已定为国家一级革命文物)；使用过的笔砚、往来的书信、行李衣物等生活用品；王若飞由苏联来到绥远开展革命工作所使用的手提箱 1 只；乌兰夫夫人云婷亲手为王若飞缝制的棉背心 1 件；原泰安客栈三号房间部分革命文物；珍贵图片 260 余张，纪念性报刊书籍 100 余份。

2."四八"烈士陵园

"四八"烈士陵园位于陕西省延安市，是为纪念在 1946 年 4 月 8 日因飞机失事遇难烈士而建造的陵园。"四八"烈士陵园是全国第一批重点烈士纪念建筑物保护单位。"四八"烈士陵园为 3 层烈士墓台，安葬着王若飞、秦邦宪、邓发、叶挺、黄齐生、李少华、李秀文、叶扬眉、叶阿九、赵登俊、魏万吉、高琼、黄晓庄等 13 名"四八烈士"，还安葬着关向应、张浩、杨森、张思德等革命先烈。

1957 年，党中央决定重建"四八"烈士陵园。新建的陵园设在原八路军总部王家坪北侧，背枕清凉山，面对延河水。陵园里有纪念堂、纪念塔、纪念亭、陈列室、墓台等建筑物。

3.《王若飞文集》，人民文学出版社，2014 年版

本书较为全面地收录了王若飞的文章、演讲稿、日记、家书、信函等文献，客观真实地反映了王若飞投身革命、"一切要为人民打算"的战斗人生。1996 年第 1 版，2014 年修订再版，编辑工作力求反映历史原貌，仅对个别文字、句子做了必要处理，是深入研究王若飞同志生平和思想、开展革命传统教育的重要材料。本书还附录了王若飞生平大事年表。

向警予：

志存高远，日求精进，知行合一

　　向警予（1895—1928），中国无产阶级革命家，中国早期妇女运动领导人。原名向俊贤，1895 年出生于湖南省溆浦县一个商人家庭。土家族。1919 年参加毛泽东创办的新民学会，同年赴法国勤工俭学，1921 年回国。1922 年加入中国共产党，曾任中共中央妇女部部长。1925 年去莫斯科东方劳动者共产主义大学学习。1927 年回国，先后在武汉总工会、中共汉口市委和湖北省委宣传部工作。主编《大江》。1928 年春，因叛徒出卖，在汉口法租界被捕。同年 5 月 1 日，在汉口被国民党反动派杀害，时年 33 岁。

"我刚到广州，踏上码头，就围上来许多人说：'来看女革命党呀！'那时广州的女子很少剪发，都梳成∽形，横在后脑上，吊着耳环，穿着花短衫和花长裙，看我这副样子，确是特别。我当时一看，围拢来的人这样多，不正是宣传的好机会么。我不管他们是否听得懂我的话。就向他们讲解起妇女解放的必要来了。居然有人听懂了，还鼓掌咧！"

这是丁玲在《向警予同志留给我的影响》中记述的向警予跟她说的话，当时28岁的向警予刚从法国留学回来，留着短发，借着群众好奇围观的机会，顺势而为，在现场发表关于妇女解放的演说。19岁的丁玲听后，觉得"佩服极了"，反观自己因剪发与朴素着装引来"非议和侧目"时，只是"反感与厌恶"，"走避唯恐不及，哪里还会有心在众目睽睽之下，向他们宣传演讲呢？"

丁玲的母亲余曼贞和向警予曾是常德女子师范学校的同学，1910年她们结为"金兰之交"，在正式结拜的七姐妹中，余曼贞年龄最大，向警予最小，只有15岁。结拜仪式上，她们在天地牌位前依年龄大小，依次焚香叩拜，齐读誓词："姊妹七人，誓同心愿，振奋女子志气，励志读书，男女平等，图强获胜，以达到教育救国之目的……"

15岁和28岁是向警予人生的重要转折点。15岁始，她形成求学

▲ 1910 年，向警予在常德女子师范学校读书时与志同道合的女性结拜为姊妹，并立下誓言，表达"教育救国"之志向（前排左起第一人为向警予）

救国、教育救国的思想，并身体力行；28 岁始，她积极投身于妇女解放、劳动大众解放、共产主义事业之中。

★

求学救国、教育救国：身体力行做模范

向警予，原名俊贤，湖南溆浦人，生于 1895 年。她的父亲向瑞龄小贩出身，后成为溆浦第一富商，极为重视教育。向警予在家里排行第九，3 个哥哥都曾留学日本。大哥向先钺深受民主主义思想熏陶，提倡"新学"，在溆浦县建立新式学校。

1903 年，8 岁的向警予进入新式学校学习，是当时整个溆浦县第一个读书的女孩子。接受新式教育的向警予"会做热烈的民族色彩的

小论文"，会体操，尤其会"翻杠子"，每次在全县学生运动比赛中，都是"文武双全"的第一名，令人惊叹。这种来自社会的鼓励氛围，激发了向警予要做"天下第一伟人"的宏愿。

自此，向警予踏上了求学之旅。1911年，她考入常德女子师范学校，翌年，以优异成绩考入湖南省第一女子师范学校。她"在学校有'圣人'之称。她的刻苦，她的奋发，她的诚恳，为一般同学所敬爱"。1914年秋，向警予转学到湖南著名教育家朱剑凡主办的周南女校，就是在这里，她将自己的名字改为向警予。"警"是警示、提醒，"予"是指自己，意思是时刻敲响警钟提醒自己，不要忘记求学救国。

向警予在离开常德，于长沙求学期间，仍然顾念早期结拜之姐妹，并向她们一点一滴地传授个人的成长经验，以求共同进步。丁玲回忆说："向警予同志就像一只传粉的蝴蝶那样，把她在长沙听到的、看到的、经历过的种种新闻、新事、新道理，把个人的抱负、理想，都仔细地讲给我母亲听。母亲如饥似渴地把她讲的这些，一点一滴都吸收过来，指导自己的行动，并且拿来教育我和她的学生们。"

1916年夏，21岁的向警予从周南女校毕业，回溆浦接替其兄担任县立女校校长，"虽属接办，无异创新"。抱着"教育救国"的目的，向警予定下校训"自治心，公共心"。她重视新思想的传播，尊重学生的个性，反对"驰骤之若牛马"的奴化教育。她亲自创作校歌，弘

▲ 1916 年夏向警予创办的"溆浦女校"旧址，现在是湖南省溆浦县"警予学校"的校址。图中的大樟树是向警予当年亲手栽种的

▲ 向警予（左二）在溆浦时与友人合影

扬学校精神——"我们姊妹一堂，相爱相亲。现在已是男女平等，天然淘汰，触目惊心！愿同学们做好准备，为我女界呵，大放光明。"她推行男女合校，聘请男教师，使用全新教材，引入田径、球类、体操等科目，举办运动会等。1917 年，向警予五哥向仙良从日本京都学医回国，她还请其为女校学生义务体检。

　　受益于男女一同上学的新式学校的培养，向警予对于个人成长、健全人格有着切身的体会，相信"教育救国"。在任校长 3 年的时间里，她"在一县之中，尽其'上说下教'之能事，忘寝忘食是她生活中的经常状况"。据丁玲回忆，她的中学同学朱含英是从溆浦学校毕业的，"经常对我讲向警予校长如何教育学生，走访学生家庭，对学生少责备，只是以身作则，严肃不苟，博得了学生的敬爱"。

▲赴法勤工俭学人员在"盎特莱蓬"号邮轮上合影

▲1920年7月，新民学会部分会员在法国蒙达尔纪杜吉公园合影，右起第一人为向警予，最后一排右二为蔡和森

然而"教育救国"是否是唯一的方案，国家民族的未来在哪里？五四运动及新文化运动，在湖南青年激进民主主义者中有很大的影响，毛泽东、蔡和森等在湖南创办新民学会，倾向于开展革命的社会运动，做出了向省外、国外发展的决策。

立志做一番"惊天动地的事业"的向警予，脚踏实地，目光宏远，"将来我如做不出大事业，我要把自己粉碎起来，烧成灰！"她想去更广阔的世界探求真理。

1919年12月25日，上海杨树浦黄浦码头邮轮"盎特莱蓬"号启航，载着湖南第九批赴法勤工俭学的学生，有蔡和森、向警予、葛健豪、蔡畅、李志新、熊季光、肖淑良等，共计50人。在赴法的旅途中，与蔡和森多次深谈后，向警予开始放弃"教育救国"而相信共产主义。

★

信仰共产主义，谋求妇女解放：在世界上放一个特别光明

1920年5月，蔡和森和向警予在法国蒙达尔纪（当时译为蒙达尼）结婚。一张纪念照为二人坐在一张长椅上，蔡和森手持一本马克思著的《资本论》。这是一种象征，二人的结合，不仅是男女爱情上的同盟，更是革命理想事业上的同盟。婚礼上，二人还将恋爱过程中互赠的诗作编印成书，题为《向上同盟》，分赠给大家。随后，人们把他们的结合称为"向蔡同盟"。

"向蔡同盟"形成一个为理想而战的小团体，相互激励，共同向上。她在书信中与父亲分享幸福："和森是九儿的真正所爱的人……我同他是一千九百廿年产生的新人，又可叫作廿世纪的小孩子。""我的爹爹呀，不要愁，你的九儿在这里，努力做人，努力向上。总要不辱你老这块肉与这滴血，而且这块肉这滴血还要在世界上放一个特别光明。"

在法国勤工俭学时，向警予白天打工，晚上学法文，短短几个月后就能读法文版的《共产党宣言》《家庭、私有制和国家的起源》等著作。由于学习异常刻苦，以至于"煎伤太过"，几乎"不能支持"，但仍精进不已。她在给毛泽东的信中写道："此后驾飞艇以追之，犹恐不及；

▲ 向警予与蔡和森在法国

而精力有限，更不足以餍予之所欲，奈何？计惟努力求之耳！"

而"猛看猛译"马克思主义理论经典的蔡和森给毛泽东写信，希望毛泽东等在国内"明目张胆正式成立一个中国共产党"，第一次完整地提出了"中国共产党"的概念，并提出了具体的建党步骤。毛泽东在回信中对蔡和森提出的建党理论表示赞同："你这一封信见地极当，我没有一个字不赞成。"

"向蔡同盟"成为改造中国的新动力。后来，毛泽东在延安与美国作家埃德加·斯诺追溯中国共产党创建历史时指出，向警予是"唯一的一个女创始人"。我们在斯诺的《西行漫记》中看到这样一段记载："同时，在法国，许多勤工俭学的人也组织了中国共产党，几乎是同国内的组织同时建立起来的。那里党的创始人之中有周恩来、李立三、向警予。向警予是蔡和森的妻子，唯一的一个女创始人。"

作为女性解放的典范，向警予求新学、向新知，力主实践，自始至终关注女性成长，从溆浦女校反对女子缠足、穿耳等陈规陋习开始，到在法国制定《湖南女子留法勤工俭学会简章》，倡导女子戒"懒惰之习惯、奢侈之妆饰、邪僻之行为"等，已经是在更广泛的社会活动中，在马克思主义思想武装下追求女性的身份与地位了。

★

无产阶级妇女运动的领导者：死而后已

蔡和森、向警予先后从法国回来后，奔赴上海，全力以赴，投身于革命事业。

由于没有固定的生活来源，而房租又是一项固定支出，所以他们只能不停搬家，尽量减少房租支出。

1922 年有一段时间他们甚至住在破庙里。破庙里没有房间，卧室是用竹蔑隔出来的，工作、睡觉、照顾婴儿全在这里。

新生儿被取名"蔡妮"，是为了纪念二人在法国蒙达尼（蒙达尔纪）的结合。孩子是 4 月出生的，8 月，向警予借去南方联系工作的机会，把孩子送到长沙托付给蔡和森的大姐蔡庆熙抚养。

在长沙短暂停留后，她回到老家溆浦，住了两个多月后，又转回长沙，再次见到女儿，给父亲的信中亦提及女儿：

"妮妮见儿即点头跳跃欢喜不已，此儿极趣，惟乳母年甫二十，儿虽好而看护小儿恐不十分周至，以其经验太少也。"

这之后，他们的生活境况也一直不好，有一次，李大钊写信给胡适，推荐蔡和森的书稿。信中说："蔡和森君所著之《俄国社会革命史》，'世界丛书'内是否可以纳入？和森很穷，专待此糊口，务望吾兄玉成之。"

1924年初，向警予怀了第二个孩子。蔡和森"卧病在床，医药无费"，加上"旧年迫近""需钱至急"，这时，陈独秀"不忍坐视其困穷而死"，也致函胡适，托其向书局催索蔡和森书稿的余款，使蔡和森"得有医药之费或可活命"。

一面是具体的生活困难，一面是关于妇女运动的犀利的思考与果断的行动。

1923年6月，中共三大在广州召开，向警予起草的《妇女运动决议案》获得通过，决议案明确提出"女子应有遗产承继权""男女社交自由""结婚离婚自由""男女工资平等""母性保护""赞助劳动女同胞""男女教育平等""男女职业平等"等有关男女平权、保护妇女权益的条例，并提出"全国妇女运动大联合"。向警予当选为中央委员，担任妇女运动委员会第一任书记。

▲ 1921 年 5 月 30 日，为争取女子在海外大学读书权，向警予和蔡畅等新民学会会员联络 13 名女同学组成"开放海外大学女子请愿团"（左四为蔡畅，左六为向警予）

女性自我认知、社会地位的提升，和所有的社会进步一样，都是一点一滴争取来的，需要组织，需要团结，需要运动，需要领袖。向警予是中国妇女运动的先驱。

1921 年，向警予在上海领导中国最早的无产阶级妇女运动，并且为中国妇女运动指出了方向——要以中下层的劳动妇女为基础，要和国民革命相结合。

1924 年，向警予领导上海闸北丝厂和南洋烟厂大罢工，发动成立"上海女界国民会议促成会"，组织以劳动妇女为主体的"妇女解放协会"。她把早期办学的经验并入妇女运动中，创办女工夜校，提倡、鼓励有觉悟的知识妇女到女工、农村妇女中去工作、学习、锻炼，努力增进劳动妇女和革命知识妇女的团结。

▲ 1927 年 5 月，向警予看望蔡家亲人和她的两个孩子（前排左一为蔡博、左二为蔡妮；后排左一为向警予

1925 年五卅运动爆发后，向警予组织广大女工积极参与，经常深入一线指导，带领妇女们上街演讲、宣传和募捐，支持运动深入开展。省港大罢工爆发后，向警予通过各地妇女解放协会以多种形式予以支援，还组织广州、香港等地数千名女工直接参加斗争，成为省港大罢工的重要力量。同时，她还努力在国民革命队伍中建立妇女组织，团结广大妇女。

1925 年 10 月，向警予、蔡和森等受中共中央派遣赴莫斯科东方劳动者共产主义大学学习。

1927 年初，隶属各省市国民党妇女部或与之有联系的妇女组织达 62 个，有组织的女工达 35 万、农村妇女约 15 万，女学生及其他各界妇女达 60 余万。蔡畅说："在向警予从事妇女工作之前，中国并没有真正的妇女运动组织。"毛泽东赞誉向警予为"模范妇女领袖"。

1927 年 3 月，向警予从莫斯科回国，由广州经长沙去武汉，有两

▲ 1939 年，毛泽东在延安纪念三八国际劳动妇女节大会上的讲话中说："我们要学习在大革命时代牺牲了的模范妇女领袖、女共产党员向警予，她为妇女解放，为劳动大众解放，为共产主义事业奋斗了一生。"

三天停留的时间，蔡妮留下了对母亲几乎是唯一的记忆：

"晚上睡觉的时候，母亲问：'谁想和我一起睡呀？'我急忙说：'我想我想。'因为很少见到妈妈，早上醒来时我害羞地把头扭向了一边，妈妈拍了拍我的屁股，叫我起床。"

这唯一的记忆，却成了永诀。

1928 年 3 月 20 日，由于叛徒出卖，向警予在汉口法租界三德里被捕，国民党军阀胡宗铎急于杀害她，多次向法领事要求引渡，但由于向警予"颇能法语抗辩，致引起法领事与国民党军阀间一时的冲突"，胡宗铎等甚至召集所谓民众大会，通电全国，要求引渡向警予并收回法租界。

最后法帝国主义让步，更换驻汉口的法国领事，准予引渡。引渡当日，武汉人山人海，都来瞻仰将要永别他们的领袖。向警予慷慨激昂，一路高声演说，呼告革命，"群众感情如受闪电一般的刺戟"。胡宗铎恐群众起而劫狱，于5月1日天未明时将向警予押赴余记里空坪刑场。向警予视死如归，依旧一路演讲。她说："我是中国共产党党员向警予，为解放工农劳动大众，革命奋斗，流血牺牲。反动派就要杀死我，可革命是杀不完的！无产阶级团结起来，反动派的日子不会太长了，革命很快就要胜利！"武汉，余记里空坪刑场，向警予高呼："打倒国民党反动派！打倒帝国主义！打倒蒋介石！中国独立解放万岁！苏维埃中国万岁！中国共产党万岁！革命胜利万岁！"罪恶的枪声响了，向警予牺牲时年仅33岁。

蔡和森悲伤不已："伟大的警予，英勇的警予，你没有死，你永远没有死。你不是和森个人的爱人，你是中国无产阶级永远的爱人！"

蔡和森的母亲葛健豪心痛这位贤媳，"同乡里，同留法，同一家，同甘共苦，戚戚焉，愚母惭愧未同去；先国家，先民族，先大众，先人后己，凛凛然，贤媳光荣已先归"。

三年后，蔡和森亦被捕牺牲，诗人柳亚子悼念蔡、向二人："革命夫妻有几人，当时蔡向各成仁。和森流血警予死，浩气巍然并世尊。"

向警予留给女儿蔡妮一首诗歌："希望你像小鸟一样，在自由的天空飞翔……将来在没有剥削的社会中成长。"如今，我们正处于这个"自由的""将来"中，这是一项惊天动地的伟业，斯人风范，百世流芳。

附：家书二封

　　向警予在法国留学期间写给侄女向功治的信

功侄 [1]：

　　我来法年余接得你两封信，第二次信文字思想迥异于前，几疑不是你写的，这样长足的进步，真是"一日万里"，不禁狂喜！

　　科学是进步轨道上惟一最要的工具，应当特别注意。你现在初级师范，程度与中学相当，所习的是普通科学（即基本科学），应当门门有点常识。你于英算文理能加以特别研究固好，但不要把别的抛弃了。

　　你不愿做管理家业的政治家，愿发奋作一改造社会之人，有思想有识力，真是我的侄侄！现在正是掀天揭地社会大革命的时代，正需要一般有志青年实际从事。世界潮流社会问题都可于报章杂志

----

　　[1] 功侄，即向警予的侄女向功治。此信写于 1920 年 4 月 29 日，当时向警予在法国蒙达尔纪女子公学读书，侄女在湖南省立一女师读书。蒙达尔纪，原译为蒙达尼。

中求之，有志改造社会的人不可不注意浏览。毛泽东、陶毅[1] 这一流先生们，是我的同志，是改造社会的健将，我望你常在他们跟前请教！环境于人的影响极大，亲师取友，问道求学是创造环境改进自己的最好方法。你们于潜心独研外，更要注意这一点，万不要一事不管，一毫不动，专门只关门读死书。

熊先生[2] 与我同在蒙台女学[3]，人甚好。范先生住距己不远之可伦坡，间与我通信，亦好。

你要的明信片，有钱即买寄。以后如能将你的一切状况时常告我，我最欢喜！近拟与熊先生们组织一通信社，以通全国女界之声气。此事如成，你们于立身修学，亦可得一圭臬矣！

九姑

四月廿九日午后

---

[1] 陶毅，即陶斯咏，新民学会会员。

[2] 熊先生，即熊叔彬，新民学会会员，与向警予同赴法勤工俭学。

[3] 蒙台女学，即法国蒙达尔纪女子公学。

向警予写给父母的信

慈爱的两亲：

儿于昨薄暮时节才到长沙，一直向长治路五哥那里去，因为我并未知道，他已搬了家，幸而半路里遇着向瑞堂，得他告诉我，于是我乃改投十弟寓所。二哥的噩音，已由瑞堂说着我听了！儿起程的时候他已是不可救治的现象，然不料他辞世竟在我动身后之三日[1]！儿此次远行，在常人眼光看来本属不近人情，盖居家未满三月，又值二哥性命危笃之际，唉！我这样匆匆究竟为什么？造真学

---

[1]1922年7月，中共二大在上海召开。向警予成为第一位女中央委员，并担任中央妇女部第一任部长，向警予和蔡和森的工作更为繁忙。为了集中精力做好妇女部的工作，向警予决定借去南方联系工作的机会，顺道回一趟湖南，把女儿送到长沙蔡和森的大姐蔡庆熙家，让其代为抚养。8月，在长沙短暂停留后，她回到了家乡溆浦。这是她自1919年离开溆浦后第一次、也是最后一次回溆浦。父亲已年近80，后母的身体也不好，二哥更是重病在床，家里人十分期待她能在家中多住些日子。但是，革命重任在肩，向警予在家中只住了两个多月，就匆匆踏上了赴上海的旅途。再经长沙时，向警予得知二哥病逝的噩耗。

问储真能力，还不是对国家对两亲对兄弟对自身的惟一光明惟一希望吗？我为这惟一光明惟一希望而不孝不友之事竟躬犯之，如无所建白，扪心何以自安？！愿我慈爱之两亲对儿多加训迪，儿亦当格外奋发，兢兢业业以图成功于万一耳。此间人都好。五哥就事军务司，十弟大约仍旧。七哥不久将回洪江原地。诸侄尚未会面。妮妮见儿即点头跳跃欢喜不已，此儿极趣，惟乳母年甫二十，儿虽好而看护小儿恐不十分周至，以其经验太少也。儿书此函，有一耿耿在念之事萦注于两亲之身。父亲年迈八十，母亲体弱多病，此度二哥之变两亲如不达观，恐于身体健康更重儿辈不孝之罪，二哥地下有知，恐亦不安于心。儿尤念念不忘，为我八十之老亲。盖吾父年来一经忧患，即至咯血。此系危症，老人罹此，更觉难支，务求勉强达观，珍重万钧，是所至祷。儿在外，当勤通书信，不使老人悬念。儿自己身体亦当格外保养，决不敢因循敷衍，遗两亲忧。我慈爱之两亲，儿决不虚言以取两亲一时之欢也。和森不日抵湘，儿行止后告。

九儿

二十日午前 [1]

[1] 此信写于 1923 年 1 月 6 日。

附：相关链接

1. 向警予烈士纪念馆

位于湖南省溆浦县城，由向警予故居、生平事迹陈列室、纪念碑广场三部分组成。院内有"故居复原陈列"和"向警予同志手迹展览"，展出实物40多件和笔记、文稿等30余件。生平事迹陈列室在故居的东侧，展品中有向警予同志学生时代用过的书篮、梳妆盒、针筒、鞋刷，有在党的创建时期和大革命时期撰写的文稿、书信手迹；在纪念碑广场，有向警予同志铜像纪念碑，像高9.4米，镶刻有蔡和森1928年7月在莫斯科撰写的《向警予同志传》全文。

2. 向警予烈士墓

位于武汉龟山西部山顶。向警予墓原在月湖之畔，后迁至扁担山。1978年，为了纪念烈士英勇就义50周年，将墓移至龟山西部山顶重建。墓前的方座上塑烈士半身像，方座的正面镶刻着邓小平手书"向警予烈士之墓"，方座的后面刻有记述烈士革命事迹的文字。

3. 法国蒙达尔纪纪念馆

中国旅法勤工俭学蒙达尔纪纪念馆坐落于法国蒙达尔纪市雷蒙特列街 15 号，共有主体建筑 3 层，上加 1 层阁楼，占地面积 173 平方米。2015 年 6 月，湖南省人民政府出资购置，并进行改造、陈列布展，2016 年 8 月 27 日正式对外开放。馆内分时代呼唤、探求真理、东方栋梁、友谊长青 4 个展区，主要展示 20 世纪 20 年代前后中国旅法勤工俭学运动的历史原貌，湖南籍学生在蒙达尔纪的活动是其中的重点之一。

4. 相关影视作品

电影《建党伟业》（2011 年）
电视剧《我们的法兰西岁月》（2012 年）
电影《建军大业》（2017 年）

5. 相关回忆文章

蔡和森：《向警予同志传》（1928 年 7 月 22 日于莫斯科）
丁玲：《向警予同志留给我的影响》（1979 年 10 月于北京）

李启汉：

我为什么而生，为什么而死？

　　李启汉（1898—1927），湖南江华人。1920年在上海加入中国共产党早期组织。曾任中国劳动组合书记部干事兼《劳动周刊》编辑，在第二、三次全国劳动大会上被选为中华全国总工会执行委员兼组织部部长。1925年参加领导省港大罢工，任罢工委员会委员、干事局局长和党团副书记。1927年在广州四一五反革命大屠杀中被害，时年29岁。

"玉子卖麻，担杆挑出新桥市；黄婆榨粉，板箱放落后楼房。"这是用广州老街名串成的对联，包括了玉子巷、卖麻街、板箱巷、新桥市、黄婆栏、榨粉街、担杆巷、后楼房街。大部分街巷已被改造或消失。如板箱巷在民国时被改造成海珠中路，大新路的玉子巷现变为广州市三中的运动场，黄婆栏在今广州市公安局出入境大厦西侧，均已消失多时。唯有中山四路的榨粉街得以保留。

清朝年间，这条街上有多间米粉店，当时米粉的制作方法是把粉团压榨成条状，扔进沸水中煮成形，榨粉街因米粉的制作工艺而得名。

榨粉街呈南北走向，街内商铺林立，熙来攘往。1927 年 4 月 15 日凌晨 2 时，国民党反动派在广州实行反革命大屠杀，逮捕了共产党员和革命群众两千余人，这就是四一五反革命政变。当时，李启汉住在榨粉街，军警突袭住宅，他走避不及，当场被捕。

这不是李启汉第一次被捕，上一次被捕是在 1922 年 1 月。香港海员大罢工爆发，港英当局企图在上海招工以瓦解此次罢工，李启汉组织上海、宁波海员公所和招商局工人罢工，挫败了帝国主义的阴谋，帝国主义以"扶助香港海员罢工事端"的"罪名"，将李启汉逮捕，数日后释放。4 月间他又与邓中夏等人组织浦东日华纱厂和上海邮电工

▲中共三大会址

人罢工。6月1日，李启汉遭到上海公共租界工部局逮捕，被判3个月徒刑，"罪名"是"宣传过激主义""扰乱社会秩序"。

1922年7月9日，《山东劳动周刊》第一号发表两篇文章，一篇是《中国劳动组合书记部山东支部为〈上海劳动周刊〉被封及李启汉君下狱事敬告全国劳动朋友书》，一篇是《中国劳动组合书记部北方分部为〈上海劳动周刊〉被封及李启汉被捕事告全国工友书》，揭露帝国主义和军阀的阴谋。

意想不到的是，帝国主义与军阀的串通才刚刚开始，当李启汉刑满后，租界当局又将他驱逐出境，引渡给上海护军使署。护军使署又将他递解给淞沪警察局，李启汉被再次投入监狱。1923年6月12日至20日，中共三大在广州召开，李启汉还在狱中，但仍被选为中央委员。直至1924年10月13日，江浙战争爆发，时局发生变化，李启汉才由

▲毛泽东同志手迹：继启汉、中夏之遗志

邓中夏和李立三迎接出狱。彼时，李启汉已先后在龙华军事监狱、上海陆军监狱坐牢 2 年零 4 个月。邓中夏深有感触地说："我党坐牢最早最苦的同志，要以李启汉为第一人。"

这一次，李启汉被捕后先是被关押在广州市公安局拘留所，4 月 22 日被押解到南石头惩戒场，当晚，被秘密枪杀后即殓埋。李启汉壮烈牺牲时年仅 29 岁。

1927 年 6 月，中国共产党在致第四次劳动大会的信中，对李启汉等人的英勇牺牲表示沉痛的哀悼，指出："其惨烈当为中国工人阶级及本党永远不忘之事。"

★

创办工人劳动半日学校

在李启汉留下来的一封残损的家书中，我们看到他对自己生活片段的描述："无奈儿在学校的时间太经济了，有许多服务的事情要做，办报啦，办平民学校啦，就是自己的功课。"这封信是1920年李启汉写给父母的，他提到自己"在学校"学习"自己的功课"，但还做"许多服务的事情"，比如"办报""办平民学校"。

李启汉所在的"学校"当指外国语学社，是上海共产党早期组织和上海社会主义青年团创办的外语教育机构。外国语学社既是为来沪青年开办的学习外语和革命理论知识的学校，也是上海共产党早期组织开展革命活动的场所。外国语学社每周开两个语种课，学员半天上课，半天自修。除学习外，李启汉还参加上海工读互助团和上海马克思研究会的活动，并帮助华俄通讯社宣传十月革命。因此，李启汉说"在学校的时间太经济了"，他的时间远远不够用。

"办平民学校"指的是在纱厂集中的沪西小沙渡创办工人学校。李启汉在今安远路锦绣里租下一栋两层工房，砖木结构，楼下三间，楼上两间。他将楼下三间连成一大间作为教室，放置28套桌椅；楼上两间，一间作为自己的办公室兼宿舍；一间做备用教室。李启汉根据工人三班倒的作息时间，分早晚两班上课，即上半天课，故称"半日学校"，所以，门口白纸黑字写着"工人半日学校"。他选用的教科书是基督教青年会编的普通识字课本。这是中国共产党历史上最早开办的一所工人学校。

基本教学设施、教材都有了，接下来的难点在于生源与教学。由于工人做工劳累，生活困苦，对读书兴趣不大，所以来报名上学的工人寥寥无几，即使来学习的人，学习时间也不固定，人员流动性很大。另外，党组织创办工人学校的目的是传授文化知识，组织工人，让工人成为共产主义者实现社会革命目标所能依靠的力量，但是当时普通工人对政治没兴趣，也弄不明白各种政治术语——帝国主义是有皇帝的国家吧？孟什维克是哪国人，现在还活着吗？

教学上的问题难不倒李启汉，他早有准备。他在给父母的信中特别推崇白话文运动，认为文字的效用更重要，如果是"想把我们的意思传达四方，达之大众"，"想人人懂得我们的意思的，是愿意普遍的"，那么白话文绝对更胜一筹。"古文可知难做、难懂，又难达完全意思，白话文易做、易懂，更易达出真意。"所以，李启汉常常用通俗易懂的语言跟工人交流，"工人为啥苦？""帝国主义怎样压迫我们？""资本家怎样剥削我们？"

▲工人半日学校旧址

但是，现实变化更快，由于教室设备简陋，经费困难，到 12 月初，天气冷起来了，来学校的人更少了，学校陷入瘫痪。李启汉必须立即转换思路，主动做出调整。1920 年 12 月 19 日，李启汉将工人半日学校改为工人游艺会，将其定位于工人们进行文娱活动的场所。工人游艺会借上海公学召开成立大会。李启汉担任大会主席，他在会上说："我们工人从前只是各人苦着、饿着。我们想要免去这些困苦，就要大家高高兴兴地联合起来，讨论办法，我们不独得到这样的游艺而已。什么金钱万能，劳工无能，我们都要改革，打破！"他请社会名流来讲演助阵，声势很大，当天参加会议的有 400 多人。

成立大会上，沈玄庐号召工人破除"命运不好""没有福气"的迷信观念，努力学习，团结起来，以集体的力量，改变"金钱万能，劳动无能"的旧制度。杨明斋指出，工人可以借助游艺会这个团体，

▲沪西工友俱乐部成立

学习知识，活跃精神，解决个人在生活中遇到的困难。邵力子希望工人克服只动手不动脑的缺点，关注自身命运，勇敢地与资本家抗争。

游艺会活动形式多样。李启汉购置留声机，放唱片给工人听，大家一起聊天，一起玩球，一起喝茶，参加游艺会的人逐渐增多。在游艺会的活动打开局面后，1921年春，半日学校重新开放，报名上学的工人比初办时增加了不少。

为更好地与工人交流，拉近与工人的距离，李启汉下苦功改掉湖南乡音，学了一口流利的上海话。他一面教工人们学习文化，一面结合中国的实际，深入浅出地宣传马克思主义，启发工人的阶级觉悟。工人对李启汉的努力印象深刻，"沪西纱厂做工的工人时常回忆起1921年时的那座劳工半日学校和李启汉先生，因为在那里，他们听到了有关他们切身利益的真理"。半日学校成为"在上海的共产党人开展工人运动的起点"。

▲中国劳动组合书记部旧址

★

从劳动组合书记部到省港罢工委员会

1921 年 7 月 23 日，中国共产党第一次全国代表大会在上海召开。中共一大通过的《关于当前实际工作的决议》指出："本党的基本任务是成立产业工会。凡有一个以上产业部门的地方，均应组织工会；在没有大工业而只有一两个工厂的地方，可成立比较适于当地条件的工厂工会。"8 月 11 日，中国劳动组合书记部在上海成立，对于这个机关的名称，罗章龙曾回忆："劳动组合原是日本的名词，因为当时日本工会很多，比较发达，这个词是译来的。"李启汉是该组织的领导之一。

作为职工运动的总机关，劳动组合书记部的工作对象是杨树浦一带的烟草工人、机器工人、各印刷厂的印刷工人、叉袋角纺织工人，

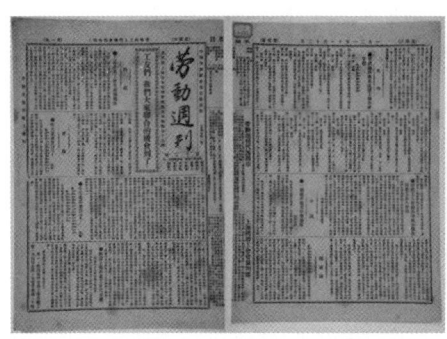

▲《劳动周刊》由李启汉、李震瀛、　　▲ 李启汉在《工人之路》特号上发表
董锄平等编辑，1922 年 6 月被迫停刊　　的文章

沪西小沙渡亦包括在内。因此，党对小沙渡工人区的宣传组织工作有所调整，李启汉的"半日学校"改名为"上海第一工人补习学校"，中国劳动组合书记部干事李震瀛任校长。

李启汉负责主编《劳动周刊》，这是党领导下的第一张全国性的工人报纸，辟有评论、通讯、社会调查、工会消息、劳动界消息、小说等栏目。他在《劳动周刊》发表了《工人们，我们为什么要分帮》《请看谁打仗》等文章，呼吁工人团结奋斗，一致对敌。一位老工人在 20 世纪 80 年代初曾回忆："在 1922 年，启汉在中国劳动组合书记部，我们工人就跑到他那儿去诉苦，找他帮我们出主意……《劳动周刊》，内容是资本家怎样无理地压迫工人，哪里发生了罢工，哪里工人在斗争等消息。工人们也常到他家，印刷工厂的工人和书店的店员常来帮助他印刷和发行《劳动周刊》。"

此后，李启汉在工人中宣传新思想，领导一系列罢工实践，经历了 2 年 4 个月的牢狱生涯，"阴森黑暗的狱囚，冰冷沉重的镣铐，粗沙巨细的牢饭"，这是邓中夏接李启汉出狱时做的一首诗，诗的最后写道："我涔涔的流泪了。哦哦，我们的战士，准备着迎战！准备着厮杀！"

继续"迎战"和"厮杀"，1925 年 6 月，省港大罢工爆发，李启汉参与领导，任罢工委员会干事局局长、党团副书记。

6 月 19 日，省港大罢工爆发后，前后不过 15 天，罢工人数猛增到 25 万，有十几万人浩浩荡荡离开香港，来到广州，车站码头挤满欢迎的人群，广州的西壕口、东堤、广九车站，每天接待成千上万罢工工人。广州街头挂满了"欢迎英勇的省港罢工工友""打倒帝国主义""废除不平等条约"等标语，鞭炮声、口号声不绝于耳。

罢工工人受到了热烈的欢迎和亲切的接待。一队队罢工工人及其家属，由负责接待的工作人员引导到指定的地点住宿、用膳，井然有序。这都得益于李启汉领导的接待罢工工人办事处所做的大量的准备工作。

当时，接待罢工工人临时办事处设在广州太平南路 45 号海员俱乐部，为了解决罢工工人到广州以后住宿和吃饭的问题，李启汉和林伟民多次与广州政府有关部门联系，在国民党左派领袖廖仲恺的同情和支持下，获得每月 1 万元的罢工经费，并通过公安局征用市内的烟馆、赌馆、会馆及其他空屋，作为安置罢工工人的宿舍。

在接下来历时16个月的省港大罢工期间，李启汉领导的罢工委员会干事局可谓是任务最繁重的机构。安排工人的食宿和解决医疗卫生问题，给罢工工人办理并发放回乡的免费车船票、赴港通行证，供应罢工工人的膳食和被服，组织宣传队，出版刊物《工人之路》，印刷发行各种宣传品，接待来宾参观访问，与社会各团体联络，慰问罢工工人等。李启汉将这些工作认真布置给文书部、招待部、庶务部、宣传部、交际部、交通部、游艺部等各部门，后又增设会计部和注册部，并逐件检查督促，落到实处，工作开展得有条不紊。罢工工人称罢工委员会是"工人政府"，称干事局是"工人内阁"，而李启汉就是"工人内阁"的"总理"，是罢工委员会中最辛苦最忙碌的人。

1925年8月8日，李启汉在《工人之路》上发表《世界革命的潮信到了》一文，他号召省港罢工工人，"在此潮信当中，我们必须凭自己的能力，一刻不能放过，一天不能放过。道路不远了，我们不久必得最后的胜利"。

为了取得最后的胜利，罢工委员会和罢工工人经历了一段非常艰难的时期。在天冷之前，李启汉筹措经费，预先为罢工工人定制了2万条棉被、1.5万条土布松花裤子、4万件棉衣。但是因经济原因，这些棉被、棉衣还是不能满足需求。罢工工人"两个人共盖一张棉被，又短、又窄、又薄，材料又不好，两人共盖"。棉衣也不足，"尚有万余人取不到。只有棉衣，没有裤发，有的因裤破不敢出街"。

这些是邓中夏写于 1926 年 8 月的《一年来省港罢工的经过》中所述的实情，"罢工工人的苦楚，真是一言难尽"。

罢工工人克服"苦楚"，奋然前行，轰轰烈烈坚持斗争 16 个月，使香港变成了"臭港""饿港""死港"，沉重打击了英帝国主义。

"香港罢工后，做饭和洗衣都要自己动手，固不待说。街上垃圾粪秽，堆积如山，楼居者以纸裹粪，抛掷街中，加以炎日蒸炙，臭气熏天，故群呼香港为'臭港'。交通既绝，内地肉食菜蔬，无从运至，猪肉涨至一元余，鸡蛋涨至五角多，牛肉几乎绝迹，街市等于虚设，故又呼香港为'饿港'。轮船阻滞，船坞停废，商店歇业，银行挤兑，一时社会秩序，纷纷大乱，孤悬海中，呼救不至，故香港又变为'死港'。"

1926 年 7 月，广东国民革命军正式出师北伐。李启汉和苏兆征、邓中夏等迅速发动省港罢工工人，组织运输队、宣传队、卫生队，随师北伐。"北伐军因得罢工工人这种帮助，出师异常迅速，八月便收复全湘，九月便直抵武汉，中国革命得到空前的发展。"10 月，为全力支援北伐战争，省港罢工委员会决定停止对香港的封锁，以各帝国主义承认在关税上附加二五税作为交换条件，用作结束罢工、安置罢工工人的经费，省港大罢工至此宣告结束。

1927 年，李启汉被捕后，他的妻子薛映华、妹妹李夏明争取到一次探监机会，他给她们留下最后的话："国民党背叛革命，我们共产党人既已被捕，只有准备一死，望你们努力奋斗，完成革命事业，并速离开广州。……哥哥为什么而生，为什么而死，你们很清楚，也一定要记住。"

为什么而生，为什么而死？李启汉在 1920 年写给父母的信中写道，"哪有什么闲暇时间去做那无用于现代人生的事"，他把短暂的一生都投入到了有用于现代人生的大事小事之中。

附：家书一封

双亲大人[1]膝下：

儿祀生敬禀，从前大人的信说："今年汇款惟难，明年余亲来此经纪则疑易，而接洽更有希望也。"登时儿即回一封信来问大人，现今已三四个星期了，还没有来信，胸中道有点奇怪。后来又寄了两次报同杂志，想必都已收到了。那杂志同报都是白话的，我想必大人看了总觉得有些奇怪，总会有些厌气、不喜欢的处所，这是怪不得的。现今的时事已变了，不会像从前一样，所以初初的见了这新的总会有点奇怪。现今的书报杂志大多数是用白话的为好，怎么说？据现今的大文学家说：古文同白话文有两大比较，知道这两大比较就晓得白话文的好处了。一是效用的比较，二是时间的比较。效用怎么比较？他说文字是代表意思的，就是代表言语的。为什么我们要用文字来代表言语，是不是因为我们想把我们的意思传达四方，达之大众才用文字的？若是这样的，那么我们所以用文字的意思，是想人人懂得我们的意思的，是愿意普遍的。倘若我们用起古

---

[1]此信李启汉 1920 年于上海写给父母。

文的文字，做成古文的样子来传播我们现今的意思，试问能懂得几人？不讲农、工、商、贾，就是读书十多年的，几个能了解完全？照这样看来，这文字就不是传达意思的，完全是一种古董玩器，又有什么用呢？并且不能够完完全全达出我们的真意思来，总觉有些朦朦糊糊的处所，所以文言的文学是不适用的。白话的文学就不然，与讲话的效用同而更大。讲话只能在一小团体中传播意思，用白话文能四方传播，那是不待言了。并且口不能讲完全的，可以完完全全写出，与本有的意思不变一点，又没有一个人能不懂，就是不识一个字的人若听得人家读起，也就可以领略他。繁难的科学要研究，那有什么闲暇时间去做那无用于现代人生的事？所以现代的文学要革命。再总括上面来看，古文可知难做、难懂、又难达完全意思，白话文易做、易懂、更易达出真意。岂不白话好得多吗？并且现今的思想也大大起了革命，所以这些好杂志同报都是革新的思想。望大人细细看那内里的思想。那新生活是现今的大改革家、大文学家等组织的，有些是在北京大学当教员的，所以切莫看细他。今天时间不早了，有事本想下回再禀，无奈儿在学校的时间太经济了，有许多服务的事情要做，办报啦，办平民学校啦，就是自己的功课[1]……

---

[1] 原信此处残缺。

附：相关链接

1. 李启汉故居

位于湖南省江华瑶族自治县码市镇朝阳村。故居始建于 1887 年，房屋坐北朝南，采用传统的砖木结构，为清代湘南九井十八厅封闭式建筑风格，是李启汉幼年生活和成长的地方，极具历史文化研究价值和爱国主义教育意义。

2. 中国劳动组合书记部旧址陈列馆

中国劳动组合书记部是中国共产党建立的第一个领导全国工人运动的公开机构。机构成立于 1921 年 8 月 11 日，是中国共产党领导工人运动的起点，是中华全国总工会的前身，在中共党史和工人运动史上具有开创性的重要地位。

中国劳动组合书记部旧址陈列馆位于上海市静安区成都北路 897、899 号（原北成都路 19 号 C），是一幢沿街二层楼旧式石库门建筑，坐西朝东，一楼一底，砖木结构。当年，作为中国劳动组合书记部机关，楼下为会客、会议和活动室，楼上为办公室，亭子间为主要工作人员李启汉的卧室兼办公室。

旧址陈列馆藏有两种珍贵刊物——中国共产党在全国秘密发行的第一份党刊《共产党》月刊和由中国劳动组合书记部编辑出版的《马克思纪念册》。馆内还保存有珍贵的历史资料，如早期工人影像、上海总工会成立影像、工人运动先锋邓中夏和邓恩铭等人的影像等。另外，展厅还运用 AR、VR、AI 的虚拟技术，让观众身临其境般感受码头工人在船舱内借助悬空跳板盘旋搬运货物的残酷的"螺丝跳"，浸入式体验罢工场景等。

3. 上海工人半日学校旧址

上海工人半日学校旧址位于上海市普陀区安远路 62 弄（锦绣里）178-180 号。这是中国共产党早期组织创办的全国第一所工人学校，是一栋简陋的两层砖木结构工房。

4. 省港罢工委员会旧址纪念馆

省港罢工委员会旧址纪念馆位于广州市越秀区东园横路 3 号。1925年 6 月省港大罢工爆发后，7 月，广东革命政府征用东园作为省港罢工委员会办事处。1964 年，中共广东省委对其进行了修复，复原了罢工纠察队用过的红楼，设罢工史料陈列室。1985 年 6 月开放，为省级重点文物保护单位。

5. 南石头监狱

南石头监狱坐落于广州市海珠区洪德西路末端，靠近珠江白鹅潭，建立在清朝的镇南炮台旧址，始称"国民党广东省公安局南石头惩戒场"，后改称"惩教场"，习惯上被称为南石头监狱。在国民党反动派统治时期，它是广东省唯一的大监狱，无数共产党人、革命志士在这里被关押、杀害。

冷少农：

潜伏者的大爱、果敢与深情

　　冷少农（1900—1932），贵州瓮安人，中共隐蔽战线的先驱。1923 年毕业于贵州公立法政专门学校。1925 年赴广州参加革命，入黄埔军校政治部周恩来主任办公室，担任秘书。1929 年起，在南京国民政府军事机构担任何应钦秘书，进行秘密谍报工作。1932 年 3 月被捕，同年 6 月在雨花台英勇就义，时年 32 岁。

1932 年 3 月，由于叛徒出卖，南京的中共党组织遭到破坏，冷少农被捕。国民政府军政部长何应钦万没料到他的学生、同乡、秘书竟然是一名共产党员，十分震惊，严令惩办到底。宪兵司令谷正伦亲自下令逮捕，我党曾多方营救，终因案情重大而未成功。

国民党以高官厚禄引诱冷少农，希望从他那里获得南京、上海、武汉一带共产党的活动情况及负责人名单，屡次试探无果后对其施以大刑，冷少农始终坚贞不屈。当时同牢难友有笪移今[1]，他因在《警钟》等进步刊物上撰文挞伐蒋介石的不抵抗卖国政策而被逮捕，后来他回忆起冷少农，当年情景仍历历在目："他神情泰然自若，毫无消极悲观的情绪。"

---

[1] 笪移今（1909—1998），曾任句容县立小学教员、江西《政治情报》月刊主编、重庆上川实业公司专员、中国工业经济研究所研究员、上海银行研究员、《观察》周刊代主编。参与发起组织九三学社，为第一届理事会理事。1950 年后，历任上海政法学院、上海学院教授、院长，复旦大学教授，长期从事世界经济的教学与研究。

冷少农，原名冷肇隆，贵州瓮安人，1900 年 1 月 25 日出生在一个农民家庭，6 岁即入私塾，14 岁考进瓮安县立高等学堂。1917 年秋，考入贵州公立法政专门学校，就读第三期法律本科。

贵州公立法政专门学校，即 1906 年创建的公立贵州法政学堂，于 1913 年更名。学校自成立之初即致力于培养地方官吏和法政人才。在《贵州法政学堂试办章程》总纲中，我们可以看到这所学校尤其强调应用性、实用性，着力于解决实际问题。"本学堂教授官绅，以改行宪政应用必要学科为宗旨，以普及法律思想，度储佐理新政人才为成效。""为预备立宪培养人才而设，自当研究各种法政原理，而于本国现行律例、交涉约章，尤宜切实讲求，比较得失异同，以期适于实用。"

所以，较之其他学校的学生来说，法政学校的学生对于社会问题的关注更敏锐，参与更活跃，对于运用新思想改造社会也更渴望。冷少农的好友梅重光于 1973 年 2 月这样回忆当年的读书生活：

"冷少农是我读贵州省公立法政专门学校法律本科的同班同学，1923 年秋季毕业。由于当时正是 1919 年五四运动之后，新思潮书刊如雨后春笋般出版，我们曾订购了些来阅读，接受了一些新思想……"

冷少农的名字也是在这一时期起的。他关心时局动态，常常在笔记本上抄录报刊上的重要文章，题为"可则录"。他对社会底层人民的苦难富有同情心，对于社会不平有强烈的改造之心与必胜信念："见

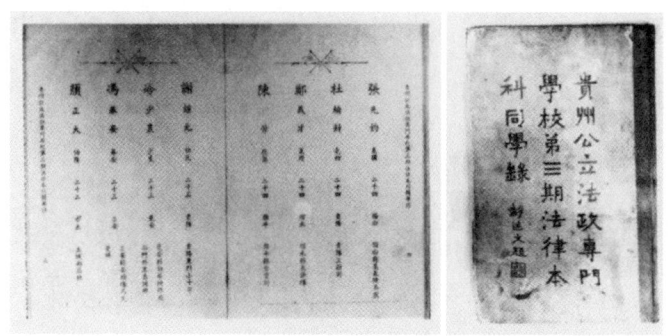

▲贵州公立法政专门学校第三期法律本科同学录

民间痛苦抑或受军阀蹂躏之事，即欲力求改善。" "军阀之残暴必败，革命事业必成。"

"即欲力求改善"，冷少农早年求学时的社会理想与抱负贯穿了他的一生。不过，他的信念是通过地下党的身份践行的。他是中共隐蔽战线的先驱，是秘密谍报员。他的公开身份是南京国民政府军事机构的公务员，曾先后在训练总监部、军政部担任何应钦的秘书。

冷少农一边正常完成秘书工作，一边为我党智取机密情报，传递给地下秘密联络站。当时蒋介石发誓3个月内消灭红军，关键时刻冷少农将国民党第一、第二、第三次"围剿"红军的机密情报交给钱壮飞，经过李克农、陈赓等报到中央或直接向中共中央军委书记周恩来汇报，为红军反"围剿"的胜利做出了重大贡献，使中国革命转危为安，为中国革命立下丰功伟绩，堪称中国共产党历史上杰出的"红色特工"之一。

然而，只有党组织才知道他的真实身份，连他的家人都不知道，也不能知道。

冷少农在信中向母亲描述自己的生活状态是："我的普通情形，也很平常，还是同其他的普通人一样，每月拿八十块钱，办一些不关痛痒的例行公事，此外吃饭睡觉，或者在朋友处去玩。"

那么，他如何向母亲证明他在过有意义、有价值的人生呢？如何以身作则教育儿子？这真是隐蔽战线上的无名英雄所面临的最艰难的选择。

★

致母亲："希望你老人家深深地给我以原谅吧！"

1930 年 3 月 29 日，冷少农接到母亲在 3 月 8 日写给他的信，心情非常好，"翻来覆去地读了好几次""高兴得什么似的""真是狂欢得要跳起来"。他为什么这么高兴呢？

原来，冷少农已经好久没有收到母亲的信了，不是因为通信慢的原因，而是因为他的所作所为"触犯"了家庭，母亲很"怒"，所以"恼恨""弃绝""不理"他了，自然也就没有来信了。

所以，这次能收到信，让冷少农体会到母亲虽然"恼恨""痛快淋漓地叫骂"，但还不至于"弃绝""不理"他，"心中仍然是极端的疼爱"的，他深深感到母爱的"崇高和伟大""是任何的爱不能及得着的"。

那么，冷少农的母亲到底在恼恨什么呢？

原来，母亲是骂他"不忠不孝，忘恩负义"，骂他"不叫东西"，希望他回家来为家庭尽些责任。

冷少农耐心地跟母亲讲着道理，给母亲一样样答疑，先是告知母亲自己在南京做什么，但又不能暴露自己的地下党员身份，唯一的办法是给母亲留下一个印象，即他所做的事情并不像表面上看起来的那样。一方面他评判自己目前的工作和生活是"一钱不值的""呆板无聊"，另一方面又表达自己没放弃这份工作是有原因的，首先是从谋生的角度考虑，"因为要生活着"，"还有好多人又在羡慕着而想夺取着"，所以他"敷敷衍衍地将就混下去"；其次是南京有它的优势，"随时得到新书看""可以向新的方向进展""还可以为痛苦的人类尽相当的力量"。

但是，说到这里，他就没有进一步往下说了，而是做了暂停，转而对母亲所骂的话进行回应。这也仿佛是冷少农在给自己思考的时间，

▲ 1950 年，冷少农烈士家属合影。前排左起：商娴贞（之妻）、冷启中（之孙）、宋德惠（之母）；后排左起：张先全（之媳）、冷启荣（之孙女）、冷德苍（之子）

想着该如何更清楚地向母亲告知自己的行为吧。

他告诉母亲，他并没有忘恩，并且一一列举给她听：

"你老人家是生我身的母亲，而又是这样的慈爱我；大哥是我同胞共乳的手足，因为父亲早死，对于我的教养也曾相当的负过责任；娴贞是我十余年来同床共枕的妻子，为我抚育儿女，从未有不对的地方……"

既然没有忘恩，那就要报恩了，冷少农觉得家里人能理解的报恩方式是这样：

"把家庭中一切的责任负起来，努力的去完成我一个好儿子、好兄弟、好丈夫、好父亲的事业，至少在外面应该努力的做一个显亲扬名的角色，极力的把官做大一点，把钱找多一点，并且找的钱应该全部送回家来，使得家里的人都享受一点清福，使乡里的人个个都要恭维我家的人。这样，我才能稍稍尽一点忠孝，这样，才不算忘恩负义。"

但是问题就出在这里了，为什么他没有这样报恩呢，而且明明知道这样做就可以让家里人满意？

冷少农继续沿着前面所说的"痛苦的人类"接着说，说到社会上有一类人活得很苦，很可怜，什么人呢？"挑抬的、讨田耕种的、讨饭的"，那些"肚皮装不满，连自己身上都遮不着"的人。他们受苦的原因，不是他们天生地位低贱，也不是懒惰，而是因为"一切的土地都为这些有钱有势的人占去，不给他们找着事情做的机会，尽量想法去剥削他们，不使他们有点积蓄"。

面对这种让"大家都不安宁的"社会不公，冷少农觉得母亲见得比自己多，肯定能理解自己所说的，所以，他就说了自己的内心真实感受和迫切希望，"我因为见着他们这样的痛苦，我心里非常的难过，我想使他们个个都有饭吃，都有衣穿，都有房子住，都有事情做"。

显然，实现这个目标不是轻而易举的，"是一件最大而又最复杂的事情"，是"重大的事情"，那要投入去做，"非得把全身的力量贯注着，非得把生命贡献"，意思是"把我的力量和生命都交给这一件事情"。所以，也就没工夫回家了。

冷少农深知"以这样的态度对待家庭是不对的"，但是穷苦民众是"大多数"，痛苦是"这样的大"，相比之下，家人受的一点儿痛苦就不算什么了。

写这封信的时候，冷少农已经 30 岁了，但和母亲说起话来还流露出孩子取悦母亲般的天真之心：

"况且母亲你老人家又爱做好事，我这样的做，不也就是体贴着你老人家的意思吗！母亲，要是你老人家明白我这个意思，我想你一定会设法来鼓励我，督促我，决不会再骂我不忠不孝，忘恩负义了吧？"

因为有前车之鉴，他这次格外小心了，带着这份纯净的心地，他最后写道："母亲，儿一气写了这样多，中间自然免不了许多冲撞的话，但是我热情的希望你老人家和家中的老少们深深给我以原谅吧。"

自从 1925 年冷少农南下广州参加革命，这位母亲就再也没见过儿子，1932 年 6 月，儿子牺牲了她也不知道。1934 年 12 月，红军长征经过瓮安县时，周恩来派两名战士乔装成商人来到冷家，以冷少农朋友的身份看望家人，赠送了 10 枚银圆。当时，冷少农牺牲的消息被家人瞒了下来，这位母亲还在盼望着远方的儿子回家。直到 1944 年，一次偶然的机会，她才得知儿子再也回不来了。那时，离冷少农牺牲已经整整 12 年了。

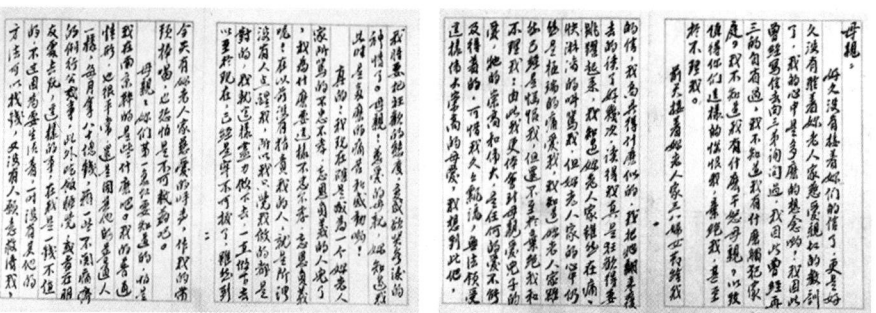

▲冷少农给母亲的信

★

致儿子："更望你朝斯夕斯的不要轻轻放过"

冷少农在写给母亲的信中，将他实际工作内容用拉家常的方式表达出来，诉诸非常朴素的逻辑：看着那么多人受苦，心里难受，想改变这种状态，没有办法"看着一般人受痛苦，而自己来独享安逸"，他觉得这和母亲爱做好事是一个道理。

同时，他也隐晦地表达了自己隶属另一个群体，"我这样的做法，也不是我个人的意思，自然是有好多同伴，干起来倒很热闹，很快活"。

当然，他非常明白做这件事的困难和艰险，"自然有的人不满意我们，有些是不了解，有些是对于他的利益有关系，随时都在阻碍我们，反对我们，甚至于要杀害我们"。

但是，冷少农有必胜的信心，"我们一天天的人多起来，势力大起来，我们是要取得胜利的。反对我们的人是要遭我们消灭的"。

这个坚定的信念，使他说出了可能是信中唯一"冲撞"母亲的话，"当父母长者的人，应该使儿女幼小者努力于社会事业，为大多数劳苦民众谋利益……决不要死死的要尽瘁于家庭"。这样做表面上是为了社会事业，不顾家庭了，但恰恰是领会了家庭的重要性，才要以一种更高的标准来要求自己，"无负于家庭"。

1931 年 1 月 8 日，冷少农提笔给自己的儿子回信，这封信和去年 3 月写给母亲的信一样，都有个百感交集的开头。要知道 1925 年冷少农离家时，儿子才 5 个多月，如今他的儿子都会写字了，都能写信给他了，他既"无限的欢欣"，又"无限的惭愧"，更不免"深深致谢"。

他欢欣于儿子都长这么大了，惭愧于自己没有陪伴在他身边，为他的成长负责任，他向为孩子付出的祖母、伯父、母亲表示感谢。

接下来，冷少农对儿子进行了悉心教导，告诉他要珍惜自己所拥有的，能有条件"饱食暖衣""读书写字"是非常难得的机会，要"好

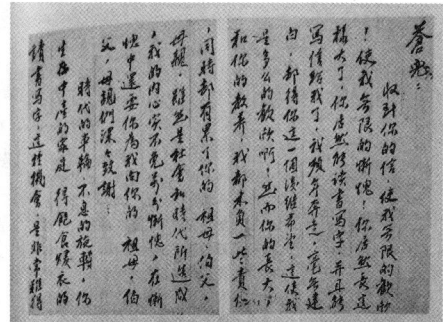

▲冷少农写给儿子冷德苍的信

好的努力"，并且提出了非常具体的方法。既要读书写字，"养成能力"，还要健全身体，要做"有益健康之运动与游戏"。

这样做的目的是什么呢？"使知识与体力同时并进，预备着肩负将来之艰巨。"但是，如何对一个五六岁的孩子讲述未来呢？

冷少农引入了非常简单的思路，就是将心比心，你可以读书写字了，但是还有好多人没有办法读书写字，甚至不能吃饱穿暖。那么自己读书的目的应该是"要为这一批人求一个适当的解决"，也就是"一个人除解决自身的问题而外，还需顾及到社会人类"。

冷少农觉得这部分非常重要，他对儿子寄予厚望，"我更望你朝斯夕斯的不要轻轻放过"，最后，他把这个期许做了凝练的表达，告诉儿子首先要成为一个"极平凡而有能力"的人，做什么呢？"为一般劳苦民众解决不能解决之各项问题、铲除社会上一切不平等。"

这封信写于 1931 年 1 月 8 日，正是新的一年开始之际，一切都充满希望。冷少农亲切地唤儿子"苍儿"，充满深情地鼓励他："苍儿，社会之新光在照耀着你，希望你猛进。"

冷少农对革命前途充满信心，自己正处于猛进之中。1930 年 8 月，何应钦被委任为武汉行营主任兼湘鄂赣三省"剿共"总指挥。在接下来蒋介石向中央苏区发动的三次"围剿"中，冷少农作为何应钦的秘书，想方设法获取准确情报，火速向党中央汇报，为三次反"围剿"取得胜利发挥了积极作用。

从 1930 年 10 月起，蒋介石陆续调集 11 个师又 2 个旅，共 10 余万兵力，准备对我中央苏区发动第一次大规模"围剿"，当时中央红军才 4 万余人，军情紧急。由于在关键时刻得到了冷少农传来的情报，中央苏区红军做出了正确的决策，按照毛泽东的游击战战术进行反攻。不到数日，国民党第十八师中将师长兼总指挥张辉瓒被活捉，一个半师被歼灭。正如毛泽东在《渔家傲·反第一次大"围剿"》中所写："雾满龙冈千嶂暗，齐声唤，前头捉了张辉瓒。"

1931 年 2 月，蒋介石任命何应钦为"剿匪"司令兼南昌行营主任，准备对中央苏区进行第二次"围剿"。国民党的作战计划、兵力部署、部队番号、指挥官姓名、行动时间等，这些重要情报全部被冷少农获取并送出，中央苏区反"围剿"再次取得胜利。

1931年6月21日，蒋介石亲自带着德、日、英等国顾问到南昌自任总司令，何应钦为前线总司令，调集30万兵力，采取"长驱直入"的战略方针，发动了第三次"围剿"。8月，各路国民党军队纷纷向高兴圩地区逼近，把红一方面军主力压缩在以高兴圩为中心的狭小范围内。危急时刻，再一次凭借冷少农传来的准确情报，红一方面军主力在5日晚利用夜色，穿过国民党集团军之间20公里的空隙，跳出了敌军主力的包围圈，先后三战三捷，歼敌万余人，夺回了战斗的主动权。

9月初，毛泽东、朱德命令红军发起反击，使赣南和闽西两块革命根据地连成了一片。红军没有被消灭，反而壮大了队伍，蒋介石对红军的第三次"围剿"彻底失败。

经过三次反"围剿"，中央苏区扩展到38个县境、15座县城，总面积5万多平方公里，人口达到250多万人。1931年11月7日，中华苏维埃共和国临时中央政府在江西瑞金成立。

这就是冷少农心中的"社会之新光""革命之火"。在冷少农发出给儿子的信后，他就一直在助燃这把"革命之火"，一直在为"社会之新光"增光，直至1932年3月被捕。他给儿子写下的第一封信也是最后一封信，更是唯一的一封信。

1952年10月，中央人民政府向冷少农烈士家属颁发了革命烈士证

▲中华苏维埃共和国临时中央政府

书。证书上写着：冷少农同志在革命斗争中光荣牺牲，丰功伟绩永垂

不朽，其家属当受社会上之尊崇。

附：家书二封

冷少农致母亲

母亲：

好久没有接着你们的信了，更是好久没有聆听你老人家慈爱亲切的教训了，我的心中是多么的想念哟！我因此曾经写信去向三弟询问过，我因此曾经再三的自省过，我不知道我有什么触犯家庭，我不知道我有什么干怒母亲？以致值得你们这样的恼恨我，弃绝我，甚至于不理我。

前天接着你老人家"三八"妇女节给我的信，我高兴得什么似的，我把它翻来覆去的读了好几次，读得我真是狂欢得要跳起来，我知道你老人家虽然在痛快淋漓的叫骂我，但你老人家的心中仍然是极端的痛爱我。我知道你老人家虽然已经是恼恨我，但还不至于弃绝我和不理我，由此我更体会到母亲对儿子的爱，它的崇高和伟大，是任何的爱不能及得着的。

真的，我现在确是成为一个你老人家所骂的不忠不孝，忘恩负义的儿子了。我为什么要这样不忠不孝，忘恩负义呢？在以前没有指责我的人，就是所谓没有人点醒我，所以我只觉我做的都是对的，我就这样尽力做下去，一直做下去以至于现在，已经是牢不可拔了。今天，虽然有你老人家慈爱的呼声作我的当头棒喝，也恐怕是不可救药吧。

母亲，你们第一急切要知道的，怕是我在南京干的是些什么吧。我的普通情形也很平常，同其他的普通人一样，每月拿八十块钱，办一些不关痛痒的例行公事，此外吃饭睡觉，或者在朋友处去玩。这样的事在我是一钱不值的，不过因为要生活着，同时还有好多人又在羡慕着而想夺取着，所以我就不得不敷敷衍衍的将就混下去。这样呆板无聊的生活，久过有什么趣味，照理我应该把它丢掉，回家来一家老少团圆的过着，或者在地方上当绅士，或者在省城去活动活动，怎么还老在南京呆着呢？这，我有我的想法，在南京虽然呆板无聊，但还可以随时得到新书看，还可以向新的方向进展。老实说，还可以为痛苦的人类尽相当的力量。

人是理智和感情的动物，我现在还是人。虽然你们骂我不叫东西，我自信我还是一个人。我的理智和感情当然还没有失掉，至少是没有完全失掉。你老人家是生我身的母亲，而又是这样的慈爱我；大哥是我同胞共乳的手足，因为父亲早死，对于我的教养也曾相当的负过责任；娴贞是我十余年来同床共枕的妻子，为我抚育儿女，从未有不对的地方……母亲，你就不提及他们，我也是朝夕忘不掉的。在家庭中，我是一个受恩最多而一点未酬的人，照理我应该把家庭中一切的责任负起来，努力的去完成我一个好儿子、好兄弟、好丈夫、好父亲的事业，至少在外面应该努力的做一个显亲扬名的角色，极力的把官做大一点，把钱找多一点，并且找的钱应该全部送回家来，使得家里的人都享受一点清福，使乡里的人个个都要恭维我家的人。这样，我才能稍稍尽一点忠孝，这样，才不算忘恩负义。但是我竟不这样做，不这样做就算没有尽着责任。没有尽着责任，就不算什么东西，东西都不成，自然更不会叫做人了。我能够想到这个地方，我的良心算尚未丧尽吧。怎么想得到而又不肯这样做呢？这是你老人家急于要知道的，也是我现在要解答的。你老人家和家庭中一切人过去和现在的痛苦，我是知道的，但是无论怎样的苦，总不会比那些挑抬的、讨田耕种的、讨饭的痛苦。他们却一天做到晚，连自己的肚皮装不满，连自己身上都遮不着……母亲，你看他们是多么的痛苦，是多么的可怜哟！他们愿意受痛苦，愿意受耻辱，愿意受饥寒，愿意丢掉生命吗？是他们贱吗？是他们懒吗？不是的，一切的土地都为这些有钱有势的人占去，不给他们找着事情做的机会，尽量想法去剥削他们，不使他们有点积蓄，有钱有势的人却利上生利，钱上找钱的发起财来，财越发得大，这样受苦的人越来得多，这样的人越来得多，使得大家都不安宁。母亲，你老人家已经要到六十了，你见的比我见的多。只要你老人家闭起眼睛想一想，我说的话该不会是假话吧。我因为见着他们这样的痛苦，我心里非常的难过，我想使他们个个都有饭吃，都有衣穿，都有房子住，都有事情做。我又想这些有钱有势的人不要长期的玩格，长期的把一切都占据着，而使得他们老是受痛苦。所以我现在就是在向这个方向去做。这样的事情是一件最大而又最复杂的事情，我要这样干，非得把全身的力量贯注着，非得把生命贡献。我既把我的力量和生命都交给这一件事情，我怎么能够有工夫回家来，忍心丢着这样重大的事情，看着一般人受痛苦，而自己来独享安逸呢？

母亲，你是很慈爱我的，就是家中的一切老少也很想念我的。因为太过于慈爱和太过于想念我，才会一再要我回家来，但是请你们把这爱我和关注我的精神换一个方向，去爱我上面所说的人。去关注他们，把他们也当作你们的亲儿子和兄弟一样。母亲，我真的是不忠不孝，忘恩负义吗？我是把我的孝移去孝顺大多数痛苦的人类，忠实的去为他们努力。同时我是社会豢养出来的一个分子，我受社会的恩惠也很多，所以我也不敢对她忘恩负义。我时常想以这样的态度对待家庭是不对的，但是一想到大多数的穷苦民众，他们人数是这样的多，他们痛苦是这样的大，我家庭中的人虽然也受有一点儿痛苦，哪能及得他们？况且母亲你老人家又爱做好事，我这样的做，不也就是体贴着你老人家的意思吗！母亲，要是你老人家明白我这个意思，我想你一定会设法来鼓励我，督促我，决不会再骂我不忠不孝，忘恩负义了吧？

我这样的做法，也不是我个人的意思，自然是有好多同伴，干起来倒很热闹，很快活。要是当这件事情得着一般穷苦的人们了解的时候，他们更是喜欢我们，亲近我们。我们这样的做法，自然有人不满意我们，有些是不了解，有些是对于他的利益有关系，随时都在阻碍我们，反对我们，甚至于要杀害我们。但是我们一天天的人多起来，势力大起来，我们是要取得胜利的。反对我们的人是要遭我们消灭的。

当父母长者的人，应该使儿女幼小者努力于社会事业，为大多数劳苦民众谋利益，除痛苦，决不要死死的要尽瘁于家庭。革命之火快要延烧到全世界了，旧的污垢（为个人的）以及一切反革命的东西是要会被消灭的。不信，请你等着看一下。

母亲，儿一气写了这样多，中间自然免不了许多冲撞的话，但是我热情的希望你老人家和家中的老少们深深给我以原谅吧。

谨此敬祝

健康

合家安乐

二儿农 三、三一[1]

---

[1] 即 1930 年 3 月 31 日。

冷少农写给儿子的信

苍儿：

收到你的信，使我无限的欢欣！使我无限的惭愧。你居然长这样大了，你居然能读书写字，并且能写信给我了。我频年奔走，毫无建白[1]，却得你这一个后继希望，这使我是多么的欢欣啊！然而你的长大和你的教养，我都未负一些责任，同时却有累了你的祖母、伯父、母亲。虽然是社会和时代所造成，我的内心实不免万分惭愧，在惭愧中还要你为我向你的祖母、伯父、母亲们深深致谢。

时代的年轮不息的旋转，你生在中产的家庭，得饱食暖衣的读书写字，这种机会是非常难得的，希望你好好的努力，以期无负于家庭，无负于社会。同时你要时常留心到远的或近的人们，有许多是没有法子读书写字，有些更是没有法解决衣食。你就要想到你读书写字的目的，是要为这一批人求一个适当的解决。这一层我更望你朝斯夕斯的不要轻轻放过。

一个人除解决自身的问题而外，还须顾及到社会人类，而且个

---

[1]提出建议，陈述主张。

人问题须在解决社会人类整个的问题中去求解决。你除好好的努力读书写字，养成能力而外，还须健全你的身体，每天除读书写字而外，还须作有计划，有益健康之运动与游戏，使知识与体力同时并进，预备着肩负将来之艰巨。

你的祖母、伯父、母亲是十分钟爱你。我虽然离开得远，不能向你作切实的表示，但是也不能说我不爱你。不过，他们之爱你，是望你将来成为一个特出的人物，一切以自己以家庭利益为重的特出于一般人的人物；我之爱你，是望你将来为一极平凡而有能力为一般劳苦民众解决不能解决之各项问题，铲除社会上一切不平等之人物。苍儿，社会之新光在照耀着你，希望你猛进！

至于你对我所说的一切，我当然能领会的，我既以这样的远大期许你，我为完成我的期许，我为一般被压榨穷苦无靠的人们而期许你。对于你的要求，我将尽力的站在正确的立场而允许你，而设法为你实现。苍儿再会。

在新年的晨光中，为你祝福

农　元月八日 [1]

---

[1] 即 1931 年 1 月 8 日。

附：相关链接

冷少农烈士故居

冷少农烈士故居位于贵州瓮安县城南，为全木结构，正房四立三间，厢房各三立两间。青瓦屋面，石铺天井，青砖院墙，保存完好。

张炽：

我们的成功之日

　　张炽（1898—1933），曾用名昌明，字子昌，云南路南县（现石林彝族自治县）人。1923年毕业于云南省立一中。1924年9月，考入北京民国大学政治经济科。1925年加入中国共产党。1926年5月，以中共北方区委特派员身份前往大连帮助开展党的工作，并任大连地委宣传部部长。1927年回昆明，秘密从事革命活动，8月参加南昌起义。1929年任中央巡视员。1930年7月，在上海被捕，后被押解至南京国民党中央军人监狱。1933年4月1日，就义于南京雨花台，时年35岁。

云南石林风景区是世界上唯一位于亚热带高原地区的喀斯特（溶洞）地貌风景区，石林兀立奇绝，有柱形、锥形、塔状、笋状、剑状、菌状等，呈淡淡的青灰色，极富人文艺术观感，著名景观有"莲花峰""剑峰池""千钧一发""极狭通人""象踞石台""幽兰深谷""凤凰梳翅"等。

在"极狭通人"处的石壁上有三首墨书题诗，两首旧体诗，一首现代诗，均为1922年2月4日张炽所题。无题现代诗的标点符号很清晰，可见白话文运动的影响。全诗共四句，竖写，从右至左，一句一排："呀！是桃花原（源）哪！呀！是鱼腹浦哪？几人能觅入？几人能觅出？"落款为："十一年，二，四日 张炽"，并在"张炽"左侧画线，表示人名。"十一年"指民国十一年，即1922年。

石林的这一处"极狭通人"是一道石缝，被赋予的文化内容为陶渊明《桃花源记》中的句子，"初极狭，才通人"，表现进入桃花源的入口极其隐蔽。张炽从这个文化背景出发，身处于这个"极狭处"向前张望，仿佛看到了桃花源，怀着激动，"呀！是桃花原（源）哪！"但是眼前石林兀立的景象又恍如鱼腹浦沙碛上的八阵图，这种石砌军事阵列变化万千，所以，他又惊呼："呀！是鱼腹浦哪？"

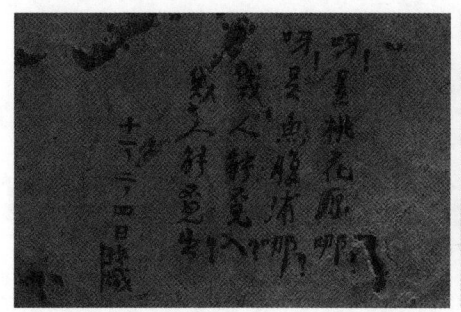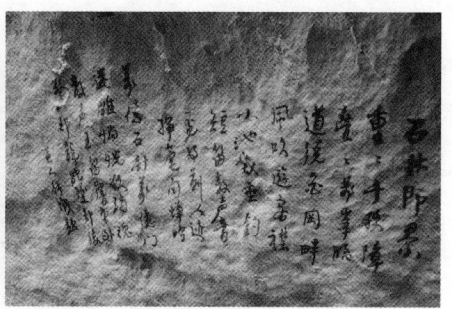

▲张炽题诗

无论是桃花源还是鱼腹浦，都是迷局，寻寻觅觅，进出不易。它有时容易让人联想起人生的困局，何去何从？这可能也是当时 24 岁的张炽内心思考的表达。他在另一则无题旧体诗[1] 的开篇写"万亿石针万亿门，迷离惝恍欲销魂"，结尾却关注着"数声玉笛响云外"，仿佛要冲破什么。题为《石林即景》[2] 一诗表面上是写石林之景，石峰、花朵、小池、短笛，以及风吹起游客的衣襟，但最后却笔锋一转，"觅得前人迹，挥毫闻蝉吟"。

张炽 1898 年生于云南省路南县堡子村后街。1919 年 2 月，21 岁

[1] 张炽无题诗："万亿石针万亿门，迷离惝恍欲销魂。数声玉笛响云外，惊怯龙蛇坠却猿。"

[2] 张炽《石林即景》："重重千屏障，叠叠万峰临。道绕花冈畔，风吹游客襟。小池几垂钓，短笛数声音。觅得前人迹，挥毫闻蝉吟。"

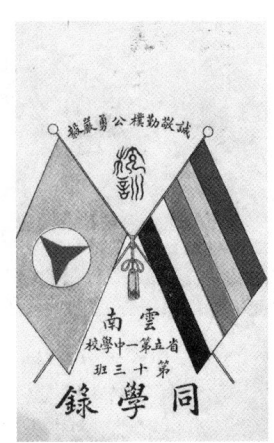

▲ 张炽所在省立一中十三班的同学录

的张炽考入云南省立第一中学（现昆明一中）十三班。五四运动爆发后，他参与组织云南学生爱国会，铅印《缘起》传单并广为散发，号召大家组织起来声援北京学生的爱国行动。

在昆明求学的张炽是热血沸腾的五四"新青年"，他渴望进一步追求救国救民的真理。这期间，他在写给父母的信中畅谈道："随世界之潮流，今日世界潮流日甚一日。新生活也、新社会也、平民主义也、白话也、女子解放也、学校自治也，已渐见施行。"1922年与友人的这次石林游，更有壮怀激烈之感。

1923年春，25岁的张炽抱着"若欲作出几件轰轰烈烈之大事，则非入大学求高深学问不可"的想法，毅然辞别父母、妻子和年幼的女儿，与同乡结伴北上投考大学。

★

辗转穿行大历史，是一有大志者

1923 年 5 月，张炽与同乡杨一波、徐景湖等人辗转到达南京，在熊庆来等云南籍人士的帮助下，入东南大学附中补习。1924 年 9 月，张炽考入北京民国大学政治经济科。

北京民国大学设立于 1916 年，1922 年在教育部备案，校长为蔡元培。专办政治经济科，以培养专门实用人才为宗旨，预科两年，本科至少四年。张炽在此读书，蓄养其志，他写信给父母，"男是有志者，是一有大志者，是一欲为社会造幸福者。只不知达到我之目的，要经若干困难若干险阻了。我之方针早已计好，一种不能长驱直入，即以他一种代之"。

北京民国大学在《新制大纲》中明确规定的"二项专门实用人才"之一为"具有经济学及其他社会科学根底，而对于中国现在经济问题之一种或数种确有研究者"。张炽在此读书期间，密切关注国内外一切社会现状以及政治形势，积极参加"云南旅京学会"和"云南革新社"等进步组织，参与组织由北京 18 所大专院校学生组织的"北京青年学会"，加入党的外围组织"读书会"和"平民教育研究会"。这在张炽给弟弟子昭的信中都有所记录——"二月二十八日写的信，前两星期即已收到。因杂事太忙，这两星期内，因为组织北京青年学会（北京十八个大学的学生发起组织此会），开会数次。此外我参加的读书会、平民教育研究会等都有会开，在星期二、五又要到本校平（民学）校任教（系尽义务无薪水），所以差不多天天都有事。"

也许从声援五四运动开始，张炽就开始酝酿"为社会造幸福"的"大志"了。1925 年，张炽加入中国共产党，他此后的人生也与中国现代史重大事件紧紧联系在了一起。在历史的浪潮中，张炽颠沛流离，有时处于漩涡中心，有时被漩涡波及，但他始终是那个"有大志者"。

1925 年上海发生五卅惨案，6 月 10 日，张炽积极参加支援上海同胞的各种活动，进行示威游行和罢课斗争；7 月 18 日，他在《京报》上发表《专门以上各校将招考新生所得的报名费移助罢工同胞的提议》：将报考新生的报名费除必用外全数汇沪，救济罢工同胞，署名子昌。

1926 年 3 月 18 日，北京爆发了请愿示威游行，抗议段祺瑞政府勾结帝国主义履行不平等条约。抗议人群遭到反动军警开枪镇压，被打死 40 多人、打伤 200 余人。鲁迅在《记念刘和珍君》一文中，记录了反动政府的凶残，"从背部入，斜穿心肺，已是致命的创伤，只是没有便死。同去的张静淑君想扶起她，中了四弹，其一是手枪，立仆；同去的杨德群君又想去扶起她，也被击，弹从左肩入，穿胸偏右出，

▲ 1925 年 5 月 30 日，上海发生"五卅惨案"，张炽积极参加支援上海同胞的各种活动，于 7 月 18 日在《京报》上发表《专门以上各校将招考新生所得的报名费移助罢工同胞的提议》：倡议将报考新生的报名费除必用外全数汇沪，救济罢工同胞

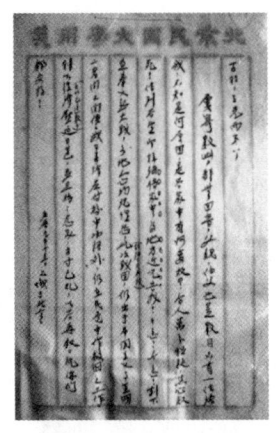

▲张炽在北京民国大学
读书期间写给弟弟的信

▲张炽在北京寄给妻子的
照片

也立仆。但她还能坐起来，一个兵在她头部及胸部猛击两棍，于是死掉了"。当时，张炽担任由 2 000 多人组成的请愿团的指挥联络工作，腹部中弹受伤。

《京报》《晨报》对此都有专门报道，但在写给妻子的信中，为了让家人安心，张炽却做了另外一番描述："……还有一件事要告诉你的，昨日子昭三弟来信，说三月十八那日，我也受了枪伤，这消息是人家在上海报上见的，这是传闻失实，实在不有这事，我现在安好如常，勿念我并听人家的鬼话。我前一日多已复信回来，就告诉父亲我那日不真去，不有受危险，哪知竟有人造谣呢？我现在寄来相片一张，是前一日多照的……"

两个月后，枪伤初愈的张炽即前往大连，受北方区委派遣，以特派员身份开展工作，同年 8 月调回北京。1927 年 2 月，张炽在写给侄子的信中曾简短记录此事："我为欲求学问与我造成一有用之人，故东奔西驰，忽南忽北，尝尽世味，受尽痛苦，特别是去年出关数月又复返京……"

从 1926 年 5 月去大连到 1930 年 7 月在上海被捕，在四年多的时间里，张炽辗转各处，走南闯北：在大连领导日商满洲福岛纺织株式会社工人罢工；赴广州在国民革命军第三军政治部工作；回昆明随王德山组建中共云南特别委员会，负责宣传工作，主编《日光》周刊；四一二反革命政变后，中共云南特委与广东区委失去联系，他又冒险出滇到武汉寻找党组织；在武汉，汪精卫发动七一五反革命政变，形势恶化，张炽又辗转来到南昌，参加八一南昌起义，在叶挺部队任军需主任、师参谋长等职务。起义部队从南昌转移之际，他在与战友分别时说："中国共产主义革命是史无前例的伟大的革命，要经过千难万险，挫折是难免的，只要我们同志和革命人民不怕挫折不怕牺牲，革命终归是会胜利的。"在广东潮州、汕头，起义部队遭到敌人的围攻，起义受挫，他和其他同志潜入香港，和党组织失去联系，生活无着，身染重病。

张炽身体偏弱。1925 年 10 月，他在写给妻子的信中提到自己伤风，对北京的天气和饮食也适应了一段时间，"我几月来，也安好如常，虽伤风一两次，但是一两日也就好了。初到京时，天气饮食等一样都不惯，现在一切都惯了"。后来，从香港找到上海党组织后，他的身体又经历了一个恢复期，"说到我的身体，更是比以前好得多了……比我初来上海时重了十多斤了，看我的脸也是比之前还要年轻一点"。

在上海期间，党的革命经费紧缺，张炽以生病为名，动员老家的亲属卖掉田产，筹集 1 890 块银圆，分两次汇往上海，全部上缴。

就是这样一副年轻瘦弱的身体，从云南石林走出来，历昆明、南京、北京、大连、广州、武汉、南昌、潮汕、香港、上海诸地，在中国现代大历史的脉络上留下了自己扎实奋斗的足迹。

★

即将整装回来了，有情者

在保存下来的 39 封张炽家书中，时间跨度 14 年，从 1919 年张炽中学时代直至 1933 年牺牲，在这些他写给父母、舅舅、妻子、弟弟的家书中，我们可以看到张炽对理想的坚定追求，亦可以感受到他对亲人的深情厚谊。

无论是在北京读书期间，还是在后来成为坚定的无产阶级革命者的生涯中，10 年间，他只在 1927 年回过一次家，因此，张炽对家人一

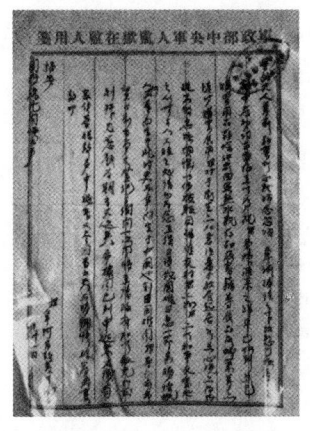 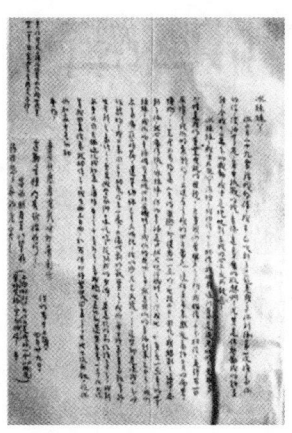

▲张炽在军人监狱写给　　　▲张炽在上海写给妻子
舅父的信　　　　　　　　　的信

直深深地记挂着。他主张男女平等，关注女儿的教育与成长：

"菊儿等须使她们不要染着恶习惯（穿耳、裹足等都不许施于她们），要请父亲或三弟等教她们读读书（书我日后买了寄来）。要把她们也要看成是男子，男子怎样，她们也可以怎样，因为我是主张男女平权者，所以我以为不可把女子看轻，我希望我的菊儿等将来比我还强，这不是空想，不是说大话，实在女子也可以造成才呢。"

但更多的时候，他会表达一种诚恳的歉意。1925年10月，他在写给妻子的信中道："家事要你做，菊儿等也要你养育，累你真不少，对不住你！望你愿（原）谅我呀！"1930年4月，他写道："不过为了我的四方奔走，使你五年来感受着许多的痛苦、烦闷，完全没有得到人生的乐趣，即使再小一点的，也说不上。因此，我想到了这些，念到了你，就心痛得很。"

张炽的妻子叫胡素冰，他在信中称呼她为"吾爱素冰""冰妹妹"，落款为"你的夫炽""你的昌"，可见夫妻间情感的真挚，这份感情促成了他们彼此间的深度默契，"尤其是你勉励我的话，令我十二万分的感动。我决定把他（它）刻在我的心上，永不敢忘！"

那时候，国家正处在内忧外患、危机四伏的动荡时期，民族前途晦暗不明，生死存亡之际，唯有拥有责任感和大情怀者才能去承担，唯有赴死的勇气与准备才能去挺进，这意味着要做艰难的取舍，无法在父母身边尽孝，不能照料妻儿，所以，夫妻间能够互相慰藉，难能可贵，也能给彼此带来对未来美好生活的向往。

"冰妹妹，我决不灰心、消极。我相信，十分相信，我的前途仍旧是很光明的。失败与小挫是我的事业成就的母亲。只要我们肯努力奋斗，我相信，十分相信是终有一日会偿了我们的素（凤）愿的。"

写这封信的时候是1930年，张炽已参加过中共中央开办的训练班，训练班是为党组织和党员适应秘密活动而设，所以，作为中央巡视员，他常常乔装成各种身份，往来于上海、南京、天津、北京、沈阳等地。在这封信的末尾，他写道："我在二三日内，如有伴即将整装回来了。"这应该是在表达赴老家云南开展工作的意思，但是他却没有回来，意外发生了。

1930 年 7 月，张炽在参加上海鲁班路广场工人集会时不幸被捕，被拘于国民党上海市公安局，不久被押至龙华国民党警备司令部。因无证据，1931 年 2 月，敌人以"同情共产党赤色分子"的罪名，判处他 5 年徒刑，转押于上海漕泾监狱与南京中央军人监狱。

在狱中，他以"努力琢磨坚志气，禁中切莫妄蹉跎"自勉，组织狱中党支部，主编手抄小报《生活》，领导狱中革命斗争，同时密切关注时局。1932 年淞沪抗战爆发后，张炽在给舅父的信中写道："至强日侵，我国难日急一节，曷胜愤慨！"他渴望出狱，为民族抵抗外侮效力，"刻因国难闻甥等正有希望。日前当局又来登记与询问一次，闻将呈请政府，加以赦免，如然则拜见慈颜，为期当不远矣"。

1930 年，他跟妻子道"即将整装回来了"；1932 年，他跟舅父道"拜见慈颜，为期当不远矣"。然而前后两年了，他仍迟迟未归。就在此后不久，1932 年冬，曾与张炽有联系的互济会被破坏。互济会中出现了叛徒，因叛徒出卖，张炽被押解到南京宪兵司令部看守所重审。1933 年 4 月 1 日，张炽在南京雨花台英勇就义，年仅 35 岁。

张炽曾写给妻子，"我们的成功之日，就是我们的幸福到来之日了。我们忍着痛一些罢！"有洞见，怀深情，不惜献身，追念及之，可歌可泣。

附：家书二封

张炽致妻子

素冰吾爱：

　　我因各项事忙，已几月不有写信给你了。但是我相信你是能愿谅[1]我的。家事要你做，菊儿等也要你养育，累你真不少，对不住你！望你愿谅我呀！我屡接云南朋友和亲戚的信，晓得你们都安好，我很欣喜。我几月来，也安好如常，虽伤风一两次，但是一两日也就好了。初到京时，天气饮食等一样都不惯，现在一切都惯了。设若你们也在我的身旁，那末也可当家乡在了。菊儿等须使她们不要染着恶习惯（穿耳、裹足等都不许施于她们），要请父亲或三弟等教她们读读书（书我日后买了寄来）。要把她们也要看成是男子，男子怎样，她们也可以怎样，因为我是主张男女平权者，所以我以为不可把女子看轻，我希望我的菊儿等将来比我还强，这不是空想，不是说大话，实在女子也可以造成才呢。家中已几个月不写信与我，我焦心得很！云南近来也是时局不靖，将来更不知如何。望谨慎机

――――――

[1] 原谅。

警一点，以免受惊。其他可问三弟，便可知道。现因预备补考，不能多写，下次再谈。

祝你和她们

都安好！

你的夫炽于北京

老历八月廿日[1] 午后

[1] 此信写于 1925 年 10 月 7 日。

冰妹妹：

你二月二十九日（农历）写给我的信，我早已收到了。这是我与你别后第一次接着你的信。漂泊无定，客中孤寂我，看后是多么的欣慰啊！尤其是你勉励我的话，令我十二万分的感动。我决定把他（它）刻在我的心上，永不敢忘！

冰妹妹，我决不灰心、消极。我相信，十分相信，我的前途仍旧是很光明的。失败与小挫是我的事业成就的母亲。只要我们肯努力奋斗，我相信，十分相信是终有一日会偿了我们的素愿[1]的。不过为了我的四方奔走，使你五年来感受着许多的痛苦、烦闷，完全没有得到人生的乐趣。即使再小一点的，也说不上。因此，我想到了这些，念到了你，就心痛得很。冰妹妹，你的幸福是旧社会把你牺牲了，但我也要负一点责的吧？妹妹，我们的幸福确实是被旧社会牺牲了。我们的成功之日，就是我们的幸福到来之日了。我们忍着痛一些时罢！莲英姊妹已长大听话，你的痧久已不发，这些都是使我十分欣慰的，我日来同三个朋友住在一处，不像以前的寂寞了。

---

[1] 夙愿。

我们每日除看书看报等外，也常到各处玩玩，并且做些家乡口味吃吃。说到我的身体，更是比以前好得多了，我到永安公司去称过，比我初来上海时重了十多斤了，看我的脸也是比之前还要年轻一点，你不信，等我回来给你看就相信了。我在两三日内，如有伴即将整装回来了。其他下次再叙。

祝你们和家中老幼都

安好！

你的昌于上海

四月二十九日 [1]

---

[1] 此信写于 1930 年。

附：相关链接

1. 中共石林党史馆

云南石林是具有光荣传统的红色革命老区，石林党史馆为昆明首家县级党史馆。1921 年中国共产党成立后，一代又一代的石林进步青年和革命志士紧追时代潮流，信仰共产主义，播撒革命火种，前赴后继，浴血奋斗，涌现出张炽、毕恒光等革命先烈。石林党史馆展出革命文物 120 余件，图片 320 幅，幻灯图片 1 000 余幅，以大量翔实的资料、图片和实物，充分展现了新民主主义革命时期、社会主义建设时期和改革开放以来石林各族人民的光辉奋斗史。

2.《中共石林县历史》（第一卷），中共石林县委党史研究室编著，2011

《中共石林县历史》（第一卷）真实、全面、系统地反映了新民主主义革命时期，党在石林活动和中共石林党组织的建立、发展、壮大的历史，和党带领全县各族人民英勇奋斗的历史。

3. 南京雨花台烈士纪念馆

展览以中国共产党领导新民主主义革命的历史进程为主线，分为序厅、基本陈列厅、尾厅等主要部分，另设有前厅、缅怀厅、家书厅等空间。展陈 179 位雨花英烈生平事迹，展陈文字量达 9 万余字，集中展出图片 522 张。

李白：

永不消逝的电波，永不消逝的牵挂与礼赞

　　李白（1910—1949），原名李华初，又名李朴，化名李霞、李静安，湖南浏阳人。1925年参加中国共产党，1930年秋参加中国工农红军。1931年6月被部队选送入瑞金红军通信学校第二期电训班学习无线电通信技术，1934年参加长征，1937年至1948年先后往返上海、浙江等地从事与延安的秘密电台的通信联系，1948年12月30日凌晨在上海被捕，1949年5月7日在上海浦东戚家庙被秘密杀害，时年39岁。李白为党的秘密电台英勇献身，以李白为原型拍摄的电影《永不消逝的电波》，1958年由八一电影制片厂出品。

在湖南省浏阳市张坊镇白石村板溪湖畔，有一座简朴的院落，始建于清雍正十二年（1734年），坐西南向东北，土木结构，屋面由小青瓦铺设而成，建筑格局呈正方形。这里曾经生活着一个普通的大家庭，几代共处，生息繁衍。1910年，李白在此地出生，度过了他的年少时光，而自17岁离家至39岁就义，22年间他却再也没有机会回来过。

从17岁参加秋收起义后，再经历长征，抵达陕北，最后赴上海、浙江等地从事党的地下工作，李白与故乡渐行渐远。1937年，李白奉命到上海设立秘密电台，成为中共隐蔽战线的情报员。从抗日战争到解放战争，李白一直是这座"空中情报桥梁"的潜伏建设者之一，为中央决策提供了关键依据。然而，李白的秘密身份就是他要恪守的重要纪律，对家人也要三缄其口。

因此，在李白留下来的18封家书中，他唯一能表达的就是一个普通儿子对父母双亲和家人的思念之情，"父亲大人，久未接到家信，内心实在挂念……""亲爱的双亲，身体康健否？家人都好吧？……望双亲健康……家人安泰……""宁可在家多吃野菜住草屋，不在异境吃西餐住洋房。"李白确实是有"吃西餐住洋房"的生活体验的，他最后的居住地在上海虹口区黄渡路107弄15号，这是一幢坐北朝南

▲李白　　　　　　▲李白使用过的电信工具

的 3 层砖木结构的老式洋房，在三楼 1 间 10 平方米的低矮小阁楼里，隐藏着电台的发报间，他就是在这里进行秘密工作的。

　　现在，李白家乡政府已经对他的故居做了复原陈列，并辟有李白烈士的生平事迹陈列展览室，作为长沙市爱国主义教育基地。李白在上海最后的寓所已建设为李白烈士纪念馆，三楼根据李白妻子裘慧英的回忆恢复了当年居室的原貌，放置有李白使用过的大橱、五斗橱、沙发和装发报机用的皮箱、竹篓等实物；一楼和二楼则为烈士事迹陈列室，陈列着历史照片、李白的家书和使用过的电信工具等。

　　李白故居、李白烈士纪念馆，这是李白在空间上的起点与终点，是遥相呼应的亲情与眷恋，老家有父母有亲人，上海有自己的妻儿。他爱自己的父母、亲人，爱自己的妻儿，爱这片土地上的人们，他渴望最后的胜利。

★

我是双亲大人的儿子：父母无须挂虑

在家信中，李白对父母恭恭敬敬，言必称"大人"，1943 年 11 月 19 日（即落款处的"古十月二十二日"），李白在写给父亲的千字左右的回信中，亲切地道了 19 声"大人"。

从回信的内容看，前面是接续上一封长信，解释"为什么不早日回家"。李白不确定上一封长信家里人是否收到，所以这次又把理由讲述了一番，尤其是他从这次家信中得知"父亲已生疾病至发信时，尚未痊愈"，让他"异常忧虑"，他考虑父亲生病的原因是"思子之心情切""不安于心，虑及所至"，他大呼"真是男之罪也"——都是儿子的罪过啊！

赔罪之后，他又耐心地给父亲讲道理，"为什么不早日回家"是有"困难和苦衷"的，也是"万分惭愧"的。从 1927 年离家到 1943 年，16 年了，"仍无半点存储仅能维持我二人的生活而已"，也"未有半点成就"，但是他"拿着应得的薪"，是在"秉大人志向"，凭着"自己的心"的。而且这么多年，他备感欣慰的是所交朋友"都是很亲近的"，没遇上什么大的难事。所以，并不是像父亲理解的那样，"大人有爱子之心，儿反无孝亲之意"。

所以，李白请父亲不要"担心记挂，损及身体健康"，希望父亲能"保养身体，宽心自慰"，他向父亲保证，只要他们获得回家的"安全路线"，并且筹划好回家后的"安定生活"，"无论如何都会回家的"，"情知孤身在外，不是我们归宿之所，我们又为什么要留恋于异乡呢？"他深切地向父亲表达，"我们回家之心，是比大人望我们回来之心还要焦急的"。

同时，李白也在用实际行动表示自己对家里的支持。他嘱托了一个朋友"代汇一点钱回家"，而且这个朋友自沪返乡，到时定会和家里通信，家里有什么困难都可以直接和这位朋友说，"他定会设法帮助的"。

在信的最后，我们发现李白告知父亲，自己的身份相当于一个公司经理，"现扩充为百货股份有限公司""店中一切多由我主持"，他还告诉父亲自己的资本"相当雄厚"，"将来生意发达，年终红利，或有可观"。

感情深挚的父母和孩子之间有时存在心灵相通，有时能预见到一些什么，就忍不住牵挂。其实，就在半年前，李白刚结束了8个月的牢狱生活。

1942年日军占领上海后，全力侦测搜捕秘密电台。1942年中秋节前夕，日特机关锁定了李白的秘密电台信号，抓捕了李白夫妇。在宪兵司令部里，特务对李白夫妇严刑拷打，李白矢口否认电台的政治性质，称仅做一般商业用途。日本特务无法断定真假，先释放了裘慧英。后经日本电信专家鉴定，李白的电台不仅没有收报机，而且发报机功率过低，不具备远程发报能力，同时，经中共党组织营救，李白被保释出狱，结束了8个月的狱中生涯。

电台当然是兼具收报、发报功能的，要不然李白如何做情报工作呢？但为什么日本专家都没有发觉电台的功能呢？原来这得益于李白的师傅涂作潮的发明。涂作潮发明了一种无形收报机，即在普通收音机里临时安置一个简易的活动装置——两个小线圈，以代替收报机的固定器件——差频振荡器，同时，又将发报机的功率从100多瓦降低至7瓦。

所以，李白在来抓捕的日军进门前，就以最快的速度取下这两个小线圈扔掉，发报机顿时变为普通收音机，这样就蒙蔽了日军电信专家，被认为只有发报机，没有收报机，不足以成为使用电台的证据，而且他们测试发报机功率只有7瓦，并不具备远程发报能力。

1943年5月，李白出狱后仍受到特务监视，于是，几个朋友出资在慕尔鸣路（今茂名北路）141弄6号开了一家良友糖果店，也就是李白在家信中所说的已"扩充为百货股份有限公司"的店。他们事先策

▲茂名北路141弄6号，良友糖果店当时就开在底楼沿茂名北路这一面

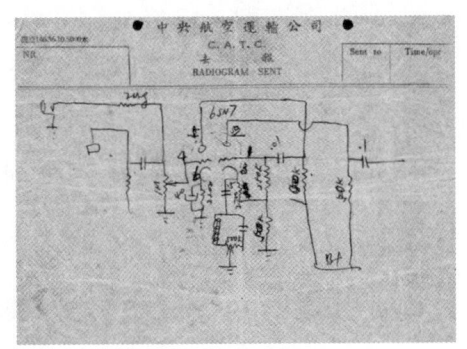

▲李白手绘的发报机线路图

划好，先在报纸上刊登招聘店员的广告，李白去应聘，以此掩人耳目，于是，李白就在良友糖果店当起了店员。

所以，1943年李白出狱后写家书，信中称在良友糖果店当店员，将入狱称为"住院"，说"男自住院后，当时因医院阻拦不准家属接见……使大人及合家均为我担心，实感激不尽！"

也许就是这封家书中表述的经历，冥冥之中触动了李白双亲为人父母的感通能力，他们内心有所感，一直惴惴不安，也因此更加思念儿子，希望他早早回家。但在李白看来，这是不可能马上实现的，于是，他安慰父母，"对各种学习亦尽心求进……父母无须挂虑"，他会"替祖先争志""努力向着光明的大道前进"。

★

我是一名谍报员：饰演角色，不忘本色

1937 年 10 月 10 日，受中共中央委派，李白从延安潜入上海设立秘密电台。在克服重重困难做好电台配置后，为了隐蔽身份，李白要尽快完成由"红军战士"到"地下工作者"角色的转换，这个培训任务交给了当时在上海活动的地下党员龚饮冰和王一知夫妇，他们的公开身份，一个是湖南万源湘绣庄总经理，一个是全职太太。

面对"高高的个子，清秀的脸庞，两道浓浓的剑眉，一双亮亮的眼睛"，一副"机智、勇敢和纯朴"形象的李白，龚饮冰和王一知要做的就是把他改造为地道的"上海人"。首先是外形上的改变，他们让李白蓄长发、着长衫、穿皮鞋，然后是举止神态要与着装相符，并且要非常投入地饰演好自己的角色，这样才能确保自己的安全，乃至整个地下党组织的安全。

李白适应得很快。1938 年春，李白负责的秘密电台正式启用，他用收音机的天线作掩护，选择凌晨零点至 4 点之间进行通报。上海与延安之间被日本破坏的空中红色桥梁再次重启，上海及周边地区敌我双方的政治、军事、经济等各方面的情报源源不断地被传到延安；《放

▲李白和裘慧英的"结婚照"

手发展抗日力量，抵抗反共顽固派的进攻》《团结到底》《揭破远东慕尼黑的阴谋》《关于反法西斯的国际统一战线》等毛泽东撰写的重要文章、中共中央对沦陷区人民抗日斗争的最新指示，以及八路军、新四军英勇抗击日本侵略者的战况也迅速传至上海。

李白顺利地进入了地下党联络员的角色，他的装束、神情与初到上海时判若两人，已经完全看不出革命者的影子了。但一个单身男子还是容易引起怀疑，为保险起见，党组织选派了纺织女工裘慧英扮作他的"妻子"，对他的工作进行掩护。

裘慧英初见李白的印象，足以说明李白的角色转换有多成功了。李白穿着长袍，皮鞋擦得锃亮，头发梳得溜光，戴着眼镜，让第一次接触李白的裘慧英"大失所望"。"这是个同志？"，裘慧英放心不下，

▲李白、裘慧英及儿子李恒胜合影

再次询问王一知，得到肯定的回答后还不放心，又去找领导上海工运的市委副书记马纯古问："看了不像个同志，会不会有错？"马纯古笑着说："你别瞎疑心了。要是叫人看出是个同志，那还得了呵。"

李白接下来要扮演的是"丈夫"的角色。他们在照相馆拍了一张稍显生硬的结婚照，李白坐在椅子上，裘慧英身穿旗袍立于一侧，二人表情严肃，若即若离。他们就这样以"夫妻"的身份开始工作了。1年后，李白和裘慧英在工作中逐渐产生了感情，经党组织批准，结为真正的夫妻。成婚后，他们的家书落款一般写作"华初慧中"，华初是李白的原名，慧中是裘慧英的化名。不是孤身一人在外，而是夫妻恩爱，这样家里老人读信也会放心些吧。

从一个红军战士转换为一个上海人，从一个单身汉到有妇之夫，李白的地下党联络员身份越来越具有隐蔽性了。但是电台的活动信号

▲ 1942 年 9 月，李白夫妇被关进四川路桥北的日本宪兵队本部

还是被日特搜索到了，这就让李白有了 1942 年被捕入狱 8 个月的经历。

暂避了一阵后，1944 年秋天，潘汉年领导的中共中央华中局情报部与李白接上了关系，当时，他们见面的地点是上海的静安寺。为此，从 1944 年秋天开始，直到 1949 年，李白就化名为李静安。在党组织的指示下，李白前往浙江淳安县国民党军委会国际问题研究所当报务员，李白利用这一身份，往返于浙江的淳安、场口和江西的铅山之间，随身携带电台向党组织发报。那时候，他与妻子裘慧英共同署名给父母写了一封家书，他们告诉父母，"离家乡又近一步"，还不时地询问家人的身体情况以及家中的收成如何。

1945 年春，李白夫妇在从场口往淳安的途中，被国民党士兵搜出了随身携带的电台，他们再一次被扣押起来，后经党组织营救，次日即被释放。当年 10 月，李白夫妇带着电台重返上海。

1946 年，龚饮冰、王一知夫妇也再到上海。此时，龚饮冰的身份是建业银行总经理，王一知还是家属，做的工作也是地下交通员。这年秋天，王一知在虹桥公园附近的马路上偶然遇见了李白，李白对王一知连声道："好久不见，真想得慌！"

王一知看到李白消瘦了不少，问起他被捕后的受刑情况，以及是否有后遗症。李白若无其事地回答说："我年纪轻，受点刑，没什么的，只能使我的革命意志锻炼成钢！"说罢，他把双手伸给王一知看，"敌人把我的十个手指头用老虎钳拔去指甲，我现在不是照样用这十个指头作收发报的工作！""多坚强的同志啊！"王一知内心激动，无比动容。

★

我是一个预言者：我所希望的也等于看到了

李白有一封从上海写给父母的信，没有具体日期，但从信中"我二人现任居上海"的字样看，可以断定，这封信是李白和裘慧英于1945 年 10 月从淳安回到上海后写的。

在这封信中有一个很重要的内容是，李白告知父母如何安葬"已停存三年之久"的祖父遗骸，而且希望双亲"急宜设法""速宜筹划料妥"。李白给出了非常明确、可操作的方法，首先是地点选择，绝不能有"田

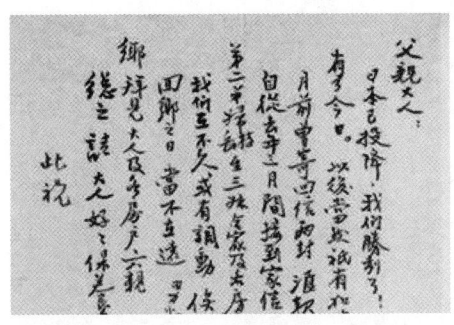

▲李白1945年写给父亲的信

水浸入"，泉水和田水都要考虑，要选"干燥的高地"，并举了一个例子，比如"（黄泥埂）竹山上"；然后是具体步骤，挖下去四周要"用石灰塞紧"，防止"竹根浸入"；最后，遗骸要有棺椁之分，"内用小缸，外套大缸，坚固安全"，这样最终才能达到保护遗骸的目的，不用讲究"风水龙脉"。

在信中，他对父母"还神愿一事"也给出了自己的看法，"无须过于劳神费力，浪费大量金钱"。李白给出的原因是父母都是好人，行的也都是好事，已经"功德无量"了，"双亲乃慈祥之人，遇事上能对得住天理，下能服从人心，既无害人之心，亦无欺人之举，可称功德无量矣"。

也许正是这样一种实实在在的人生态度，使李白处变不惊，随机应变。在上海，为了秘密电台的安全，李白曾先后辗转于卢湾、静安、徐汇、虹口4个区，换了6处住所。1948年12月30日凌晨，李白在

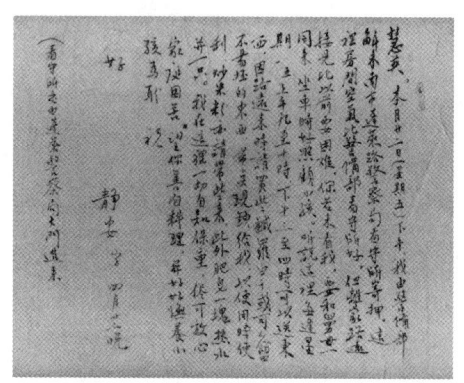

▲ 1949 年 4 月 22 日，李白在狱中写的最后一封信

向党中央发送长江防务等情报时，被敌人测出电台位置。在最紧迫的关头，他镇定地发完电报，从容销毁了密码。国民党特务在现场发现还热着的收音机和小线圈，李白从容解释道："我睡不着，在收听电台节目。""我以前有段时间做过电器零件生意，这是当时留下来的，搬家时舍不得扔掉，就一起搬过来了。"在此后的审讯中，他始终是"九供不离一辞"。

在此之前，他完全有机会选择撤退，但是，他选择了留守岗位，完成工作职责。倘若没有李白提供的绝密情报——国民党长江江防计划，中国人民解放军渡江战役的胜利时间一定会往后推迟。

李白被捕后，敌人对李白进行了连续 30 多个小时的刑讯，使用了 36 种酷刑，坐老虎凳、灌辣椒水……李白被折磨得血肉模糊，但酷刑并没有摧毁他的意志，他依然"坚不吐实"。

1949 年 4 月 12 日，他给妻子裘慧英写了一封短信："因路远来时请买些咸萝卡（卜）干……炒米粉亦请带些来，此外肥皂一块、热水瓶一只。""我在这里一切自知保重，尽可放心。家里困苦，望你善自料理，并好好抚养小孩为盼。"

也许李白已经意识到这是最后一封家书，但他依然保持着一贯的从容淡定，很认真地交代着一些小事，并让家里人放心。这还是那个一如既往的李白的风格，把绵长的爱意深藏于生活具体的细节里，几年前，他在给父母的家书里写道：

"此间各物异常昂贵，即举数物即能证明：白米每担壹百零四元，油每斤壹元，肉每斤贰元四角，牛肉每斤贰元，鸡每斤叁元，蛋每元四只多。盐每元贰斤半，像湖北天字官布那样的布每尺八角，本地大贡纸每张六角，劈柴每元六七斤。黄金每两六百余元。白银每两六元。余者各物按日上涨。即小青菜亦需一二角壹斤不等。"

上海解放的第三天，中共中央情报部代理部长李克农发报，请时任上海市市长的陈毅寻找李静安（李白）的下落。最终，解放军在浦东戚家庙后面挖掘出了 12 名烈士的遗体，这些遗体全部五花大绑，满身弹痕，其中就有李白。

那是何等壮烈的时刻！

英魂不逝，百世流芳！

附：家书三封

给父母的信

双亲大人：

数月前我们盼望双亲的回信，差不多三五日慧中都要去祥宝女士那里探询，后来因时长日久，仍未见有回音，我们以为是双亲忘却了通讯地址或另有他故所至。因此，我们有很久都没有去那边了，日前我二人到那边闲玩时，才知有父亲的亲笔手书壹封。当我们奉读之际，真乃无上欢欣，奉读之后，又使我们感到极其难过。据父亲函中所叙各节，闻之殊为痛心。庆、祥二弟在家各怀意见，诚属不应之事，这是使双亲不安的主要原因，双亲内心的苦痛与烦闷，我们是非常同情的。但因途程遥远，交通不便，亦无法面劝二弟和睦，而只能另函二弟，嘱其同心协力固（顾）全家计而已。

庆、祥二弟现已年长成人，各能自立为生，都乃双亲之力而长成，他们的一举一动都应由双亲之节制，当教应教，当罚应罚，只要双亲以大公无私的批判，谁都不能违反双亲的训示，望双亲以严正的态度去教导他们，绝不可受他二人意见分歧所迷惑，感到无法处理，至使双亲烦闷，防（妨）害福体的健康。

据父亲信中说到，祖父遗骸已停存三年之久，尚未安葬，这真是一件不佳之事，望双亲急宜设法找一干燥的高地，不受泉水或田水浸入的地方，如（黄泥埂）竹山上，掘下之洞四方用石灰塞紧，不使竹根浸入，内用小缸，外套大缸，坚固安全，这不但使祖父遗骸舒适，即祖父阴灵亦含笑于九泉矣，绝不可安葬在有水浸入的地方至使遗骸毁坏为妙。对于风水龙脉都不足为奇的。古语有云，福人葬福地，福地葬福人，望双亲速宜筹划料妥，以了双亲及男等之心愿。关于本年还神愿一事，我想：双亲乃慈祥之人，遇事上能对得住天理，下能服从人心，既无害人之心，亦无欺人之举，可称功德无量矣，对于还神愿一事亦无须过于劳神费力，浪费大量金钱。贡香一事，此间更感昂贵，从邮局亦无法寄回，上次本想买药给祥弟，都因邮局不能寄回，因此：我亦无法办到，望双亲原谅。

我二人现仍居上海，身体如常，生活亦无困难，此间各物异常昂贵，即举数物即能证明：白米每担壹百零四元，油每斤壹元，肉每斤贰元四角，牛肉每斤贰元，鸡每斤叁元，蛋每元四只多，盐每元贰斤半，像湖北天字官布那样的布每尺八角，本地大贡纸每张六角，劈柴每元六七斤。黄金每两六百余元。白银每两六元。余者各物按日上涨。即小青菜亦需一二角壹斤不等。余言不尽后详告。

　　此祝

福安

　　　　　　　　　　　　　　　　　　华初　慧中

　　并问各间各房户六亲朋友等都安好否，三妹全家亦须代为问候。

给父亲的信

父亲大人：

九月廿一日寄来之信于阳（历）十月十八日收到。前次寄来的一封，内有实兄及庆弟一纸亦早收到。但三妹及祥弟之信未曾接着。自接到上次信之时，当即回了一封比较长的信给大人，不知此信有否收到？

此次来信，据说父亲已生疾病至发信时尚未痊愈！使我异常忧虑。惟原其故，多半是因思子之心情切，而使大人不安于心，虑及所至。真是男之罪也！

关于我为什么不早日回家来拜望大人，其困难和苦衷在上次回信中我曾详细告知过。并不是"大人有爱子之心，儿反无孝亲之意！"这是千万要请大人原谅的。

上次接到大人的来信时，奉读之后，真使我感到万分惭愧和悲痛。的确我自从拜别大人离开美丽的故乡之后，一直到现在我仍无半点存储，仅能维持我二人的生活而已！不过使我自慰的，大人现尚康健，膝下尚有二弟及弟妇桂生等围绕大人的身旁，早晚照料着大人的起居饮食，不至使大人孤寂。时常可以接着家信，家庭情形，我虽未亲睹，大概情形我都能知道一些。对于我自身呢？我生平是秉大人志向，"不贪无义之财，不取无来路之物"，生性是"一身傲骨，两袖清风"，平（凭）着我自己的心，拿着应得的薪，维持我二人的生活。我在外面多年，虽未有半点成就，但所交之朋友对我都是很亲近的。我从未有何大的困难之事，这也是使我非常欣慰的。

但凡一切事情，总宜自慰，千万不可因我们未能早日回家，大人因此担心记挂，损及身体健康。只要有可能回家的安全路线及回家后可有一安定的生活时，我们是无论如何都会回家的。仅是焦急和忧虑，都只是弄得彼此不安，悬心记挂，甚至生病，有事无法做，有机会不能归。那时悔之不及。总望大人好好保养身体，宽心自慰。我们听到合家平安，即在外亦安心做事。一俟可能回家时，即抽身回家。情知孤身在外，不是我们归宿之所，我们又为什么要留恋于异乡呢？我们回家之心，是比大人望我们回来之心还要焦急的。我们不过是等一平安路线和便当行程而已。同时亦是筹划回家后，怎样生活的办法等。

本月十三日男有一友自沪返乡，大致阳历年底可到湖南，当嘱托请他代汇一点钱回家，想此友定会有信给大人的。倘他有回信地址时，大人尽可将家庭困难情形告知，他定会设法帮助的。

　　我们店中，现扩充为百货股份有限公司，重新装修，资本亦相当雄厚，店中一切多由我主持，将来生意发达，年终红利，或有可观。这是我向大人告慰的。

　　　　　　　　　　　　　　　　　　　　　　　　　此祝

福安

　　　　　　　　　　　　　　　　　　　　　　男华初

　　（慧忠现回家数日，大致等几天就可回来。她仍在店中做事。）

　　并问庆、祥二弟桂生及合家安否？代问实兄三妹合家及各房户六亲都好么？

　　　　　　　　　　　　　　　　　　　　　　古十月二十二日

　　　　　　　　　　　　　　　　　　　　　　　　于沪店中

写给妻子裘慧英的最后一封信

慧英：

本月廿二日（星期五）下午，我由警备部解来南市蓬莱路警察局看守所寄押。这里房间空气比警备部看守所好，但离家路远，接见比以前要困难，你若来看我，要和舅母一同来，坐车时好照顾小孩。听说这里每逢星期一、五上午九至十时，下午三至四时可以送东西，因路远来时请买些咸萝卡（卜）干或可久留不易坏的东西，带点现钞给我，以便用时便利。炒米粉亦请带些来，此外肥皂一块、热水瓶一只。我在这里一切自知保重，尽可放心，家庭困苦，望你善自料理，并好好抚养小孩为盼。

　　祝好

静安字

四月十二晚

（看守所是由蓬莱警察局大门进来。）

附：相关链接

1. 湖南李白烈士故居

故居位于湖南省浏阳市张坊镇白石村，始建于清雍正十二年（1734年），坐西南向东北，土木结构，小青瓦屋面，呈正方形布局，典型的四合院形制。2010年，在李白亲属、张坊镇及家乡人民的关心、支持下，李白烈士故居被按原貌恢复，复原陈列并辟有李白烈士的生平事迹陈列展览室。

2. 李白烈士故居纪念馆

纪念馆位于上海市虹口区黄渡路107弄15号，是一幢坐南朝北的三层砖木结构的老式洋房，是李白同志最后在上海居住、工作和被捕的地方。一楼、二楼被辟为烈士事迹陈列室，有10幅珍贵的历史照片和李白少年做工时采过的砑光石、送给妹妹的油灯等实物。二楼展出了李白使用过的部分电信工具、亲手制作的木扶梯、4封写给家人的亲笔信以及36幅珍贵的历史照片。三楼已按裘慧英的回忆恢复了当年居室的原貌，有李白使用过的大橱、五斗橱、沙发和装发报机用的皮箱、竹篓等实物。

3.《红色堡垒》，中央电视台中文国际频道《国家记忆》栏目，2017

《红色堡垒》纪录片共5集，《中央特科诞生》《生死情报线》《红队在行动》《永不消逝的电波》《守护一号机密》，分别展现了中央特科从诞生到发展壮大，为保卫党的事业做出的巨大贡献。纪录片以生动凝练的叙事手法，特殊的展示角度，解密大量珍贵的历史文献和画面，讲述中国共产党在白色恐怖下建立红色堡垒的隐秘往事，展现了隐蔽战线的无名英雄们为了党的事业默默牺牲的峥嵘岁月。

4.电影《永不消逝的电波》

《永不消逝的电波》是中国人民解放军八一电影制片厂摄制、王苹执导的剧情片，由孙道临、袁霞主演，于1958年上映。该片以李白烈士的事迹为原型，讲述了中共党员李侠潜伏在敌占区，为革命事业奉献出生命的故事。

恽代英：

至情至真，
永远的中国青年

　　恽代英（1895—1931），字子毅，江苏武进（今常州市武进区）人。中国早期青年运动领导人，中国无产阶级革命家。1913年考入武昌私立中华大学预科，1915年进中华大学文科攻读中国哲学。1918年夏大学毕业，担任中华大学附中教务主任。恽代英是武汉地区五四运动主要领导人之一。1920年创办利群书社，后又创办共存社，传播新思想、新文化和马克思主义。1921年加入中国共产党，1923年夏在上海大学任教，同年8月被选为中国社会主义青年团中央执委会候补委员、宣传部主任，创办和主编《中国青年》周刊，这本杂志培养和影响了整整一代青年人。1926年5月起，任黄埔军校政治主任教官，1927年参与组织和发动了南昌起义和广州起义，1928年任中共中央宣传部秘书长，1930年5月6日在上海被国民党当局逮捕。1931年4月29日，恽代英在南京狱中就义，年仅36岁。遗著《恽代英文集》。

1923 年 5 月 20 日，恽代英收到由弟弟恽子强转来的一封信，来信者为恽代英也认识的葛季膺，从信中得知，葛季膺已与恽子强成婚。恽代英非常欣喜，在回信中说，"不觉回环读了几遍"，内心充满"快感"。

他觉得这是一门绝好的婚姻。为什么呢？他首先是从恽子强这方面来考虑的。恽代英之前很担心强弟要结旧式婚姻，但要结新式婚姻的话，需要一些社会交往，当时，恽子强在南京读书，先是在南京高等师范学院读（后学校并入东南大学），专攻化学，"交游太狭"，估计很难找着理想的配偶，但现在找着了，能不让人欣慰吗？"得如此良友，如此畏友，终身作伴，料应朋辈当妒杀耳！"

现在，恽子强和葛季膺结了这样一门新式婚姻，在恽代英看来，这门婚姻不仅不是"爱情的坟墓"，而且会让"'爱'的前途无量"。他阐述了普通婚姻的三种坏处，这些坏处在他们这里是没有的：一是两人性情不好，不能体谅谦让；二是在经济问题上争吵，意见不统一；三是只知道恋爱，没有"正当志愿，及彼此间尊重人格的思想"。

其次他是从父亲这方面着想的。恽代英的父亲生有四子一女，长子和三子身体不太好，家里只有恽代英、恽子强求学自立，但是恽代

▲恽代英四兄弟与母亲陈葆云合影，四兄弟从
左至右：代兴、代钧、代英、代贤（即恽子强）

英已"决于独身"，所以他认为父亲心里对于强弟早日成婚应该是有个盼望的，虽然父亲"为人慈和通达，终不十分相强"。现在恽子强成婚，应该是让父亲了了一桩心事，因此，他要把葛季膺的这封信寄回家给老父看看，父亲读到信，"当能感恍然如见佳儿妇之乐，更可以不复念念于怀也"。

最后，是从恽家的生活实际来看待这一美满婚姻。恽代英祖籍江苏常州，张之洞担任湖广总督时，祖父恽元复应邀担任高级幕僚，举家从常州北乡小河石桥湾恽家村迁到武昌，住进了楚王府。所以，恽家一直是想移回原籍的。那么，有恽子强和葛季膺的这个小家庭作为基础，回原籍就会顺利很多。而且家庭成员之间也好相处，能自立，父亲"不守旧"，庶母"年幼而无恶性质"，可以做手工艺自给自足，妹妹可以由强弟关注教导。

▲ 20 世纪 20 年代的恽代英

　　在信中，恽代英说自己"决于独身"，又说"欲以一日之长谋社会的根本改造，故不欲以儿女之事自累"，最后还说在处理爱情和婚姻的关系方面，他可以作为"高级顾问"，不让他们"为家庭而损害恋爱的幸福"。我们也许可以理解一个"独身"之人全力以赴"谋社会的根本改造"，但我们如何想象一个"独身"之人在恋爱与婚姻问题上能当"高级顾问"呢？

　　其实，只要走进恽代英一生 36 年的时光，我们就知道，他绝对称得上是婚姻爱情问题专家，他的观点和实践早已超出同时代人的认知。而且，尤其令我们崇敬的是，恽代英这一"谋社会的根本改造"之"独身"，其苦行僧、殉道者般的言行，绝对是对古典中国精神的传承，亦是现代中国青年的典范。

★

丧妻丧儿：思虑过当，抑郁不解

1917 年恽代英发表了 44 篇文章，涉及妇女、儿童、妊娠、教育、健康等主题，如《婴儿之体操》《论睡眠》《论按摩》《户外生活》《细菌致病法》等，共得稿费现洋 109 元，书券 35.2 元，占其家庭近 10 口人 1 年总支出 724.9 元的 20%。这个 109 元是什么概念？毛泽东 1914 年至 1918 年间在湖南第一师范学校求学，据埃德加·斯诺在《西行漫记》中记载，毛泽东曾回忆，"我在长沙师范学校的几年，总共只用了 160 块钱——里面包括我许多次的报名费！在这笔钱里，想必有三分之一花在报纸上，因为订阅费是每月一元。我常常在报摊买书、买杂志。我父亲责骂我浪费。他说这是把钱挥霍在废纸上"。

109 元几乎相当于毛泽东在长沙求学两年半的花销，是一笔相当可观的收入！但是自 1918 年 2 月 25 日之后，恽代英几乎再也没有写过相关方面的文章了，也不再读《妇女杂志》《妇女时报》《体育》等相关方面的杂志了。

原来，1917 年的大部分时间，恽代英的妻子沈葆秀都处于怀孕阶段，恽代英写这类文章，无疑是送给妻子的美好礼物，也隐含着年轻夫妇共同实现家庭改革的理想。然而，1918年2月25日是元宵节，沈葆秀临产，已进入半昏迷状态三四天，这一天，她因难产大出血而去世，年仅22岁，这对恽代英是一个极大的打击。2月27日，恽代英作了一幅长达140多字的挽联悼念亡妻，说自己眼下"张皇万状，更无法处置丧礼，处置庶务""难禁我万行泪，怆然以悲"。这么好的妻子，"端肃聪明"，"豪爽"且"婉柔"，"好诗书，通情理，志道德"，本来想着将来一起"用全力造福社会，造福家庭"，但现在令他"承欢失贤助，治内失良妻"，他简直无法接受这个"丁零寂寞"的事实，甚至叹道："岂意汝如许年华，竟因这一块肉，舍予而去。"

写下挽联后，恽代英忽然想起，前一年夏天自己在庐山参加基督教青年会的夏令会期间，曾给妻子写过几封信，令她感到从未有过的快慰。为了缓解自己的"张皇万状"的心绪，他打算给亡妻写封信，但信件也只写了个开头，说自己写信的缘起，写自己这几天都梦不到妻子，写自己现在恨不得别人把自己的事儿都做了，然后自己就纠缠着沈葆秀的哥哥沈伯文谈心，无法接受葆秀走得这么快……"葆秀大鉴：卿爱读吾书札。吾去年往庐山，曾数与卿书，卿心甚悦，岂意今日致卿以书，乃与卿幽明隔世耶？自卿弃吾以去，吾每夜不得卿入梦，窃意卿不致恝然于我如此，吾心中近来不知是何味，每日惟愿他人替我作事，又愿嬲伯文兄弟等谈心。吾万不料卿之舍予如是之速，而前

▲大学时代的恽代英　　　▲沈葆秀

日与卿所要约之事，一切尽成虚空也。"

　　然而，更不幸的是，"这一块肉"也舍他而去了，在沈葆秀去世4天后，28日，婴儿夭折了！而就在26日，恽代英刚给儿子起好了名字——秀生！别人都觉得是葆秀太孤单了，所以把儿子带走了。他在给妻子的信中续写道："吾书此时，汝所生之儿尚健在，以吾心绪不宁，故久搁笔，今续书，此时汝儿又夭。他人言汝挈彼而去，彼诚在汝侧，慰汝寂寥。"

★

致葆秀书：此"情"绵绵无绝期

　　一个月后，3 月 28 日恽代英给妻子写了第二封信，信很长，有近 3 000 字。写这封信的缘由是 3 月 26 日好友黄负生夫妇到访，他在当天的日记中写道："负生有意以其子教育将来托我之意"，"惜乎！葆秀往矣，不然吾将与之合力，谋吾自己儿女之教育"。在葆秀去世之初的这段日子里，几乎所有的大事小事都能让恽代英牵动起对妻子的思念。在这第二封信中，过去、现在与将来交错表述，一场穿越时空的生死恋，一种来自婚姻的纯洁爱情，在字里行间慢慢展开。

　　恽代英心心念念在妻子生前，自己本可以为她做更多，但是没有，于是心生无限愧疚。"吾作事过于刻板，且爱书过于爱汝，每使汝孤寂无聊"，就算是正月初一的时候，他也没有陪妻子好好玩耍一番，"念今年新正，终未从容与汝一游嬉，此皆吾作事过于刻板之过"。之前他为自己毕业后二人的幸福生活做了一些构想，也无法实现了："吾原谓将来卒业，则汝之幸福渐增，岂知汝竟不待吾卒业而去乎？"

　　这颗愧疚之心，几乎是要承担葆秀之死的全部责任了。"事后追思，又觉我处置多所失当，使汝致于此。"恽代英将葆秀从怀孕到生产的诸多细节，全部重新梳理了一遍，觉得因自己的刻板向学生活、克服晏起（即很晚才起床）的自我要求而忽略了葆秀。恽代英曾于 1916 年 8 月 20 日在《学生杂志》发表《自讼语》，历数自己的种种缺点，发愿修正，晏起是其一。"汝怀孕十月，不知所受是何滋味，中夜疼痛不能安枕，尚宁默然自己下床料理一切，知我睡眠有定时，早起不欲过晏，终不愿轻易扰吾。"葆秀产后大出血的场景一定萦绕在他心头，后来他听人说，血晕后无痛苦，这才稍微宽心。"吾昨闻全婶言，血晕之时毫无苦痛，汝幸能无苦痛而去，吾闻之亦心慰。"

他还做了一篇《临产之大教训》和半篇《悼亡杂话》。尽管如此，他还是觉得做得不够，所以最后竟想托身为女子，饱受一下"怀孕分娩之苦"才甘心。"吾愿吾他生托身为女子，与汝为妇，亦一尝怀孕分娩之苦，以赎此生之罪。"

面对葆秀之死而生的沉重的负罪感，完全是恽代英从自身的角度体察自己为人的疏漏。恽代英不想因此而让葆秀有压力，于是他告慰她两点：第一，不要担心去世太急，不必后悔，也不用担心我孤单，"吾本有独身终老之心，且吾亦以学一自立生活为乐"；第二，不要想着没儿子这件事，"我之不信无后为不孝之说，汝所素知，我苟立志向上，吾父乃及祖宗必不以无后责我，更不致以此怨汝，汝一切放心"。

家里人担心他"思虑过当，或致狂疾"，意思是担心他变疯癫，

▲ 1916 年恽代英发表在《学生杂志》
第 3 卷第 8 期上的《自讼语》

他跟葆秀解释，当时确实是"抑郁不解，老天何心乃如此处我"？也能理解死亡这件事，但他不能跟着去死，"吾思死诚不足为祸，惜不得同死。更以家中诸多关系，亦不敢同死"。所以，既然不死，那就更不敢疯了，疯了之后，家人会认为是葆秀造成的，这对葆秀是不公平的。"吾果狂何益于汝？他人不谅，或且以为汝致我狂，则重诬汝矣。"

人死不能复生，恽代英明白自己是在同死者交流，但他不确定魂魄是有知还是无知，他觉得无知也好，这样就免得"柔肠百转，珠泪千行"。但如果有知呢？"也许强鬼挟持汝，不使汝与我相见。"怎么办？他说："吾意果有鬼必有神，吾将力求修德造福，使神灵可护我，并我所爱之人。"

从现实层面来说，恽代英也在"修德造福"，他知道葆秀生前忧心弟弟沈仲清，"家中仲清等之不上进，颇倦倦无以为计"。他跟葆秀交代，他会把仲清带在身边，以后去上海，也会设法让仲清考上海的学校。

为了纪念葆秀，他还想筹办"葆秀大工厂"，此后进行了粗略规划：经营范围"缝衣、织袜，乃至织布、造物、刺绣"；工厂的性质相当于"女子职业学校"；工厂的布置"悬葆秀像于大堂（车间）上，出品即以葆秀像为商标"；不收取学费；工厂的管理"最妙得葆秀之三妹主其事"……

恽代英在相当于忏悔的自我省视中，悉数自己和妻子相处的诸多细节，审虑诸多心思，筹划未来之计，在信的末尾，仿佛达成了和解，获得了解脱。父亲得知他每月要拟一封信给葆秀后，"谓如此恐遭魔祟"，他一方面体会这是"父母爱子之心"，另一方面觉得不写信也行，反正葆秀变魂魄了，如果能附在自己身上，那他们夫妇就是"余之心即汝之心，余之身即汝之身"，哪里还需要借助书信呢？还有，因为葆秀之死，家人众口一词要搬离此处，他表示同意，"如因汝伤我身体，汝必不安，且亦过于拂诸长者之意也"。但他承诺，在武汉，他会一年去葆秀墓四次，到上海可以一年两次。

信写到最后，他追忆了曾与妻子相约游苏州、杭州一事，虽并未成行，但并不哀伤，他邀请葆秀一起看抱冰堂的花："吾前与汝约就业沪滨，得便必游苏杭名胜，今已不可得矣。抱冰堂花又盛开，汝魂魄亦能一往游览耶？"然后他再次附上自己的独身誓言，也是爱情宣言：

"吾自号'永鳏痴郎'，我亦痴，汝亦痴。既痴于前矣，安容不遂终身痴乎！汝以吾言为然否？"两人之间的感情依然完美，不以生死为界。

在葆秀去世百日之际，1918年6月3日，恽代英致葆秀的第三封信更强化了这个意思，"幽明路隔，悢念无似，惟愿安心忍守，吾等心如金石，终有相见之期。吾必不负卿，此心可矢天日，卿可不必多疑""有人为余说媒，余颇呈不悦之色而罢。现余镌'葆秀忠仆'图章，以见志，想此后应无以此等事相扰者也"。

恽代英独身报亡妻，直到10年后，新的爱情机缘到来。

★

自省的生活方式

恽代英祖籍江苏，其祖父恽元复因出任两广总督张之洞的幕僚，所以，恽家迁至湖北武昌老育婴堂街，宅门上方"毗陵恽寓"的牌匾表明了恽家的祖籍为常州，"毗陵"的称谓始自汉高祖五年（公元前202年），曾有过延陵、毗陵、毗坛、晋陵、长春、尝州、武进等名称，隋文帝时始有"常州"之称；"毗陵恽寓"也表明恽氏家族是有传承谱系的。

1895年8月12日，恽代英在"毗陵恽寓"诞生。父亲恽爵三曾以"候补府经历"的资历，在湖北多个州县任幕僚，母亲陈葆云出身于

▲恽代英曾祖父恽广德全家合影，中间右三为祖父恽元复，后排右二为父亲恽爵三

▲恽代英（左二）在母亲怀中与亲戚合影

湖南长沙一个仕宦之家，是恽代英的启蒙老师。

　　恽代英在这样一个颇有旧学根底的家庭中长大，又逢张之洞引进西方新式教育，创办新式学堂，开创中国近代教育务实之风，他受的教育是中西会通的。从张之洞创办的武昌高等小学堂毕业后，因父亲调任老河口盐务局，全家随迁，4年后才返回武昌。在那里，恽代英没有继续升学的条件，则继续阅读家中藏书，自办家庭修身小报《我家》，并开始接触欧洲社会科学、教育科学等方面的书籍，这一时期的阅读奠定了恽代英向学向上的志向，"我常回想到在我十三四岁的时候，所想的只是'中流击楫''揽辔澄清'的人格"；这种自由的读书状态也塑造了他的生活方式——严格的、有条理、有预算的自律生活，他记录修身日记，进行"坚韧、刚毅、耐劳、茹苦的锻炼"。

　　1913年，恽代英考入私立武昌中华大学预科，1915年9月入中

▲私立武昌中华大学

华大学文科攻读中国哲学门。这是中国第一所私立大学，陈时校长在
1951 年写的《忠诚老实的自述》中说："我办学是为了救国，不让学
校和个人卷入政治漩涡。"陈时当年从日本留学回来，在湖北军政府
财务司任秘书，筹划办学时才 20 岁，所以主要借重父亲陈宣恺、伯父
陈朴的声望与财力，陈氏两家共捐得田 200 石、白银 3 000 两、官票 5
000 串、家藏图书 3 000 余部（册）。1937 年，南开大学校长张伯苓在
中华大学演讲时说："我和陈校长相比，自愧不如。办南开，我只是
出了一点力；陈校长办中华，又出力，又出钱。"

　　在中华大学自由、自主的氛围中，恽代英延续了在家读书修身的
状态，以一种近乎"方程式的方式"管理个人生活，也就是他写给葆
秀的信中一直表达的"刻板"生活。1916 年，他创作《自讼语》检省
自己在生活习惯、个人性情、认知、交友等诸多方面的不足，最后发
愿改正，"自今日以后""无复有今日同一病源"，而改正的方式便

是写省身日记。

他在 1917 年的一则日记中写道："曾子三省其身，至死而曰：吾知免夫，可知省身之要。吾等每有立志，故不知三省，则久之而此志若忘矣……其自省方面，吾决仿曾子三省吾身之法，务以省察切己易犯之病为主……此中有思过、知过、悔过，一切功夫在内……"

1918 年 4 月 9 日，他记道："凡过失之不能改者，皆以未明知其真因，及未用最合宜之方法之故。而非提出过失名目，则思考之目的不专，研究亦不得周详，如此必不易得其真因及合宜方法。"

这应该可以看作是恽代英写省身日记的成效，通过这种方式可以进入深层的"思考"与"研究"，找到做事的"真因及合宜方法"。

恽代英通过自省来完善自己的人格修养，文学家茅盾曾回忆道："代英刻苦宽厚，无丝毫嗜好，未尝见其疾言厉色，友朋呼之为'圣人'。终年御一灰布长袍，不戴帽。体貌清癯，而精力过人。"这一身"灰布长袍"，茅盾在《记 Y 君》中也有提及，Y 君就是恽代英，"曾经有人说过一句笑话：灰布大衫就是 Y 君的商标。五四时代在武昌听过 Y 君第一次演讲的青年们，后来在上海某大学的讲坛上又看到 Y 君时，首先感到亲切的，便是这件灰布大衫。这一件朴素的衣服已经成为他整个人格的一部分，这从不变换的服装又象征了他对革命事业的始终如一的坚贞和苦干"。

▲ 1918年暑假，恽代英大学毕业，
与父亲、四弟代贤及小妹代康合影

　　这个灰布大衫代表的"朴素作风"自然是他自省的结果，"对于衣服，吾不喜华丽，每着丽服，心如有所不安。一由于不惯，一由于非心所愿也。……吾对于衣服之理想，以整洁为上，若华丽则勿取。……为衣，但取轻暖，适于卫生而已"。

　　这种自省的生活方式跟广泛阅读大有关系。从《恽代英日记》1917—1919年这3年的生活看，恽代英作为中华大学的学生和中华大学附中教师的时间各占一半，而在整个3年间，阅读是他生活中的重要组成部分。从恽代英3年通读的书目来看，西学书与国学书均有，每年也都有英文原版读物，从日记里有关朱熹、周敦颐、范纯仁、吕维祺、曾国藩等理学家的记载来看，应主要受宋明理学家的影响，而且他预科后读的就是中国哲学门。但据恽代英宗教方面的阅读及实践来看，这种自省方式可能来自基督教及其青年会的影响。他曾通读《基督教徒之生活》

《完人之范》《青年会创立者》等，曾与大学同学余家菊合作《淑身日览》，还模仿基督教青年全国协会会刊《青年进步》的做法，将假期里每天各个时间段的计划列表计分，1917 年、1918 年恽代英连续两次参加青年会在庐山举办的夏令会。1917 年那次他在庐山还曾给葆秀写了好几封信，令她"心甚悦"，也就是后来葆秀去世后，恽代英给亡妻写信的缘起。

恽代英并不信教，但从基督教青年会的组织模式中受到启发，感于青年会"办事的活泼，立言的诚挚，律己的纯洁，助人的恒一"，认为自己应该在武昌青年中成立类似的适当组织，将个人修身经验推广至青年群体，联络朋友，砥砺品行，养成"新"青年。所以，他发起互助社、辅仁社等互助团体，将基督徒的忏悔与理学家的自省结合起来。这是恽代英与同时期北京的罗家伦、傅斯年等青年学生领袖不同的地方，在新文化运动激烈的反传统氛围中，恽代英非常注重儒家的修身伦理。

★

从互助社到利群书社

1917 年 10 月 8 日，武昌青年学生的第一个进步社团——互助社成立，成立之初仅恽代英、黄负生、梁绍文、冼震 4 名社员。"互助社"之名取自"群策群力，自助助人"，这也是互助社的宗旨。成立互助社的根本目的在于通过成员之间的道德互助，以完善个体品性，养成新的道德规范。

恽代英为互助社起草了6条章程，其中可见宋明理学修身理论的影子及基督教训诫的体现，比如，第三条所提"每次开会首静坐，数息百次"，第五条"自助方面，戒约如下：不谈人过失。不失信。不恶待人。不作无益事。不浪费。不轻狂。不染恶嗜好。不骄矜"。

而第二条，"社员每日开会一次，时间以半小时为限（后多实以一小时为限），遇事多，时间不足，得公决延长之"。这一实践经验后来被写入《对于有志者的三个要求》中，1923年发表于恽代英创办的《中国青年》第一期中，即"为做上述的事，不需要很多时间。所以开会至多不过一小时，能半小时更佳。开会时间大家必须严确遵守，如此便大家为开会所费时间很为有限"。

在互助社成立的这一天，恽代英在当天的日记中表达了互助社更为高远的目标，即"伺候国家、伺候社会"，这既可以理解为儒家的"修齐治平"，亦可理解为当时救国的需要。这也是一个中西学兼收并蓄的中国青年热诚的愿望，希望通过自己的知识和能力为国效力。"我们都晓得：今日我们的国家，是在极危险的时候，我们是世界上最羞辱的国民。我们立一个决心，当尽我们所能尽的力量，做我们所应做的事情。我们不应该懒惰，不应该虚假，不应该不培养自己的人格，

▲ 1918 年 6 月 19 日，摄于武昌黄鹤楼显真照相处的互助社10人合影照片。前排左起第三人为恽代英

不应该不帮助我们的朋友，不应该忘记伺候国家、伺候社会。我们都晓得：我们不是没有能力，国家的事情不是没有希望。"

互助社成员"每日将所作之事，对照日程，按时刻书之"，恽代英以身作则，还自印劝作日记文，拟定寒假自省表，在会员之间散发，促进互助。恽代英在日记中写道："自有互助社后，每日心神既安宁，作事亦有秩序，且乐于助人，而初无嫌恶之心，得益可谓不少。"

互助社组织模式吸引了更多的青年来参观，并要求入社，到 1917 年底，互助社已经由最初的 4 名社员发展至 19 名。这一小范围的尝试，让恽代英迈出了向青年群体推广个体修身经验实践的第一步。

很快，以互助社为核心，在教育与文化背景相近的武昌青年学生之间发生了扩散效应，陆续成立了辅仁社、黄社、日新社、健学会等一批同质性小团体。这些强调自我养成的小团体建立了一种有生命力

▲武汉各界民众声援五四运动

的社会关系网，使"各学校及学校间如有一种筋络，自然血脉相通"。

互助社的成立，从属于整个新文化运动的潮流，全国各地有志青年纷纷开始结社。1918年4月，毛泽东、蔡和森联合湖南第一师范学校的同学与挚友，在长沙成立了新民学会，"革新学术，砥砺品行，改良人心风俗"。1918年，李大钊、王光祈等在北京发起成立了少年中国学会，"振作少年精神，研究真实学术，发展社会事业，转移末世风气"。1919年1月，周恩来联合天津学生联合会与天津女界爱国同志会成立觉悟社，追求"人"的生活，崇尚新村与工读。

1919年北京五四运动爆发之际，恽代英已于中华大学附中任教务总监一年余，为声援五四运动，他组织成立武汉学生联合会，开展游行罢课，发表演讲，又在武汉各团体联合会上发言，"学生但愿商业继起，以为国家，虽死伤亦所甘心"。后武汉商界全体罢市，中华大学的学生运动扩展到社会。

恽代英的讲演潜力应该是这个时候开始表现出来的，及至恽代英1926 年任黄埔军校政治主任教官、1927 年参与组织和发动南昌起义和广州起义，就是郭沫若回忆的状态了："代英会做文章，尤其会讲演。他的讲演最为生动而有条理，不矜不持，而煽动力很强。有时却又非常幽默。在大革命前后还没有播音器的使用，凡是上了一二千人的场合必须用大喉嗓叫，因此在代英身上便留下了一个可以说是后天的特征，便是他总是破喉嗓。"

经历过五四运动的洗礼，恽代英开始转向社会事业，创立了一种工读互助形式小组织——利群书社。书社结合了中国儒家内省传统与西方乌托邦理想的试验性质。社员们在书社内实行半工半读，过一种共同学习、共同劳动、共同进步的集体生活。书社制定了严格的自修和服务制度，比如，每日反思今日是否做过利群助人事，摆在面前的利群助人的事怎样进行等，每日必须在小组会结束后才得就寝。再比如，需要织布、送报、卖报、做饭、烧水、洗衣等，实验"各尽所能、各取所需"的新生活。

从读书问道到生活之需，从个人修身到社会服务，应该是恽代英思想行动发展的轨迹。1919 年 2 月 14 日，他在日记中赞叹蔡元培建校舍的行动，"孑民先生一心办理京校，不惜自屈，与官僚委蛇作事，日有所进，且将于西山改建新校舍。可敬哉！真学界泰斗也！"

1919 年 11 月 1 日，他又在日记中写道："很赞成将来组织新村……我们新村的生活，可以农业为根本，兼种果木，并营畜牧。""新村"思想来自日本的武者小路实笃，其思想也是当时觉悟社所崇尚的。鲁迅还翻译了武者小路实笃的剧本《一个青年的梦》，最初连载于 1919 年 8 月创刊的《国民公报》上。

在这样"风声所播，全国掀动"的践行试验期间，恽代英于 1920 年 5 月还专程到北京参观了王光祈组织的工读互助团，并撰写了《未来之梦》，希望用"共同生活的扩张"，把全世界变为"社会主义的天国"，以此探讨创立新社会的雏形。

但是，即便是运行这样一个小团体，也面临着一系列的现实问题，尤其是资金问题。1920 年初夏，恽代英受陈独秀之托，将考茨基的《爱尔福特纲领解说》一书译成中文，译名为《阶级争斗》。同年，该书由上海尚志学会出版，所得 400 元稿酬全部做了他开办的利群书社与利群织布厂的基金。

但是 1923 年他在写给弟媳葛季膺的信中，还在提自己的债务之累，以及承诺去上海大学任教之邀，是以了结宿债为条件的。"近来以个人债累（由于以前经营书社工厂失败的结果）仍不能不稍为金钱束缚行动……现友人约到上海大学任总务长一席，我已以支款了结宿债为条件，决定承诺与否。"

▲ 1920 年 10 月，利群书社出版的《互助》第 1 期的封面与封底

　　他后来回忆说："我记得我从前痴想以为我开办一个小商店，便可以由怎样怎样的发展以至于完全改革社会，于是做了一篇《未来之梦》，大发其狂热……但是事实上证明我这只是一个荒谬的空想，改革社会绝不是象（像）这样做下去所能有功效的。"

　　由于这种亲身经历，他日后在《中国青年》撰文对于青年兴办实业方面的问题阐释得尤为中肯。对于江西吉安、四川等地一些同学预备开办小工厂、小商店的做法，他说"这种计划，明明是空想，一定要归于失败的"。他结合自己的经验总结教训：开办小工厂、小商店是不容易组织成功的，因为资金是一大问题，而借助合作又是痴想，其结果往往是糟蹋许多人的精神财力。他认为在联合民众破坏旧社会之前，想通过开办小工厂、小商店"改善一部分人的物质生活，或想怎样为自己的生活谋一个保障，这都是绝对不可能的事情"。

恽代英当时翻译的《阶级争斗》令毛泽东印象深刻。毛泽东在延安接受美国记者埃德加·斯诺采访时说过，在寻找马列主义初期，三本书特别深地印在他的脑子里，其中一本即恽代英译的《阶级争斗》。

《阶级争斗》出版的第二年，即1921年，恽代英加入了中国共产党，1923年恽代英被选为中国社会主义青年团中央执委会候补委员，任宣传部部长兼《中国青年》主编。1927年，在中国共产党第五次全国代表大会上，恽代英当选为中央委员，并在当年参与组织、发动了南昌起义和广州起义。

★

少年中国与中国青年

教育家舒新城在1940年写的自传《我和教育》里回忆道："该刊（《少年中国》月刊）第二卷第二期，发表恽代英《怎样创造少年中国》一文，他本着学会实践的宗旨，主张注意研究群众生活的修养。把应该注意的事列成一表，分为活动的修养，合群的修养两大部门……他这篇文章有两万字，除去对于上述的各种项目有详细的说明而外，并

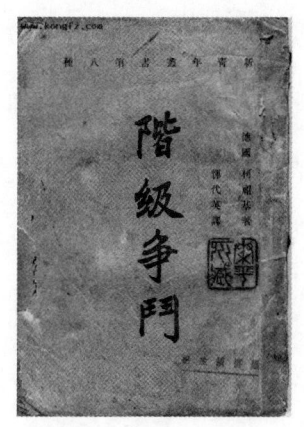

▲恽代英翻译的《阶级争斗》

详述何以要创造少年中国，与创造少年中国应分工与互助的原因。这在我从幼受了曾涤生与朱子教条的影响的少年看来，自然是更合胃口，所以我对学会及其会员的大部分都有特殊的好感。"

恽代英的《怎样创造少年中国》作于 1920 年 7 月至 9 月，以救国为宏愿，并提出切实可行的"创造少年中国"的办法，即"群众生活的修养"，这是对自己的智识提升与修身实践的总结和提炼，兼具宋明理学的气质与新文化、新教育的革命性；这也是他的信念所在，"吾将完全持吾之知识之能力，以换将来生活之具。其成功固吾所望，亦吾所信"。所以，舒新城才说："这在我从幼受了曾涤生与朱子教条的影响的少年看来，自然是更合胃口。"

《怎样创造少年中国》重视的是"躬行""力行"："我是盼望

总能至少有些地方引起大家审虑，引起大家力行。中国不是没有改造的希望，但是要用聪明些的法子，坚决些的力量，去改造了。不然，亦许会来不及改造，或者改造要用大几倍的力量，多几倍的困苦。"

恽代英文、史、哲皆通，懂英文，富有世界科学知识，他的力行方式就是为青年的成长廓清思想，指导行动，他既是宣传家，也是出版人。他36岁的一生，留下了300多万字的著述。

1923年10月20日，中国社会主义青年团中央机关刊物《中国青年》周刊在上海创刊，恽代英是创办人、主编与主要撰稿人。此后，从1923年10月到1927年10月间，恽代英在《中国青年》上先后以代英、但一、ＦＭ、ＤＹ、蓬轩、英、但等名字、笔名、别名共发表文章和通讯185篇，约占他一生发表的500多篇文章的五分之二。

《中国青年》创刊号的发刊词曾风行一时。恽代英告诫青年读书与做事要相结合，读那种教做事的书，通过做事来学习做事。当下阅读此发刊词亦有绝对的参考意义——"《中国青年》要引导一般青年到活动的路上，要介绍一些活动的方法，亦要陈述一些由活动所得的教训。中国的事，总是要做的。做事的方法，总是要学的。青年要学得做事，要用做事以学做事。青年是需要读书的，要读指导怎样做事的那些书。但是同时要做事。只顾读书而不做事的人，纵然把指导做事的知识学到手中了，他会失了他做事的习惯。"

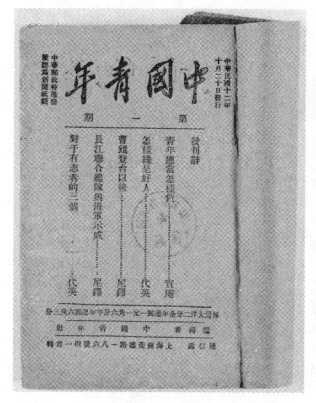

▲《中国青年》第 1 期

▲ 1924 年 3 月，中国社会主义青年团第二届二次中央执行委员会扩大会议部分与会者合影。后排右起第二为恽代英

　　再比如他说中国青年要担负指导群众的责任，所以必须为他们介绍一些实用的，学校也学不着的知识——"《中国青年》要引导一般青年到切实的路上。要介绍一些切实可供研究的参考材料。要帮助青年去得一些切近合用，然而在学校中不容易得着的知识。中国的青年，已经显然可见其必须担负指导群众的责任。所以他们必须自己对于要走的路很有些把握。"

　　《中国青年》开设《通信》《青年问题》专栏，答疑解惑，引导青年走上正确道路。恽代英在专栏中发表了大量文章，回答了青年所提出的各种问题，希望广大青年"通过研究与实践得到革命信念，如此便像黑暗中看到了灯光，胆气自然更大"。

　　关于读书，他回答了杭州付克乐、保定王中举"读什么书与怎样读书"的问题，推介了李达译的《社会问题总览》等书，并告知批注等读书法；告诉山东刘俊才、南昌崔豪等读者应该怎样研究社会科学，为他们介绍了众多可读的书报，如《民国日报》《向导》周刊等。

关于社会需求与青年学习、工作的重点，他回答了陈宗虞留学学工科与否的问题，提出现在中国"最要紧是需要政治方面的人才"，"需要能指挥与实行革命的政治家'；他与刘佩隆探讨军事运动的问题，表示青年人入伍做军事运动固然重要，但组织、宣传、训练，去做农工工作更重要，因为武器主要在人家手里；他写下文章《关于政治运动的八问题》，指出革命的初级阶段应当是从事工人与农人的教育与团结等；针对湖北枣阳惠民如何做农村运动的提问，他指出其在对农民心理的把握上有偏误，要求他"先要用平民教育或娱乐的事情，与农民多接触"。

面对一些朋友力主多研究自然科学，意图科学救国的来信，他两次撰文表示自己并非轻视学术，但因政治不上轨道，学术必然沦于无用。他说："若时局不转移，中国的事业，一天天陷落到外国人手里，纵然有几千几百技术家，岂但不能救国，而且只能拿他的技术，帮外国人做事，结果技术家只有成为洋奴罢了。"

关于婚恋，阜宁刘小梅因经济等原因害怕结婚，但坚持独身主义又与家人意愿相悖，恽代英回复她，一方面要打破宗法家庭束缚，争取自己的结婚权利；另一方面要联合在经济上同样被压迫的青年组织团体，为自己的利益奋斗，改革中国的政治经济。他告诉处于无爱婚姻、离婚又难的青年立木，不要理会他人关于"不能改造妻子便不能改造社会"的观点，鼓励他即使不能改造妻子，也应努力改造社会。他为王永德解读了正确的马克思主义恋爱观，"马克思主义者并不反对恋爱，他们愿意牺牲一切以谋改造经济制度，使人人得到美满的恋爱"。

关于自杀的问题，恽代英在1919年11月24日的日记中曾关注过北大学生林德扬投水自杀事件，他的核心观点是自杀无罪，人有权处理自己的生命。但是面对化名"淮阴儿"的《中国青年》读者的问题，他给出了非常积极的人生态度。由于帝国主义侵略、国家危亡、社会灰暗的现实，再加上个人身体软弱，"淮阴儿"有厌世自杀之心，恽代英先是指出自杀绝非一件容易的事，人有求生之天性，接着分析了恶劣环境下人产生痛苦的必然性，而不去应付恶劣环境的人更感痛苦，然后告诉"淮阴儿"要想不居住这悲苦之境，便"要去设法应付它，去做一个改革社会国家与打倒帝国主义的人"，而且"须得交一些比较勇敢的朋友，与他们结伴前进"。

有读者称赞："《中国青年》的文字是短劲的，一句一字都不是浪费的，尤其是代英的文章，好像支绣花针，只一刺就刺破个大气球。"这是一份来自134位读者的调查，"这些读者表示爱读代英、楚女、仁静三人文字的，占十分之九以上，爱读求实文章的亦复不少""被十个以上读者指出爱读的题目是《秀才造反论》《鲍罗廷》《赤都之五一》《宣布共产》《耶稣、孔子与革命》"，其中《秀才造反论》《宣布共产》《耶稣、孔子与革命》都是恽代英撰写的。

《中国青年》教育和培养了大革命时期的整整一代青年，而恽代英正是这一代中国青年所爱戴的领袖之一。郭沫若曾说："在大革命前后的青年学生们，凡是稍微有些进步思想的，不知道恽代英，没有受过他的影响的人，可以说没有。"

1930 年夏，恽代英在上海负责撰写单页刊物《每日宣传要点》，16 开大小，版面排有约 500 字至 1 000 字。当时他的工作方式是：带着各种公开发行的报纸，从家里出发开始阅读与思考，到了工作地点，坐下即写，机要秘书与之并排坐，同时打字跟进。从动笔到印刷不到半小时完成，发行工作也准备就绪。周恩来盛赞他：如此迅速地写好一篇稿，印好以致发行到群众的手中，只需个把钟头，整个世界历史上是破天荒的。

恽代英于 1930 年 5 月 6 日在上海被国民党当局逮捕，由于顾顺章叛变而暴露身份。1931 年 4 月 29 日中午，恽代英戴着手铐脚镣，高唱《国际歌》慷慨赴刑场。面对刽子手，他痛斥蒋介石的罪行："蒋介石走袁世凯的老路，屠杀爱国青年，献媚帝国主义，较袁世凯有过之而无不及，必将自食恶果！"恽代英被国民党反动派杀害时，年仅 36 岁。

1923 年，恽代英在《中国青年》的创刊号发表文章《怎样才是好人》，他为"好人"设立了三个标准：第一要有操守，"有操守的好人不因为许多人都做坏事，他亦做坏事"。第二要有作为，"若是没有作为，他的好有甚么用处？"第三要为社会谋福利，"若只做一个与世无关的独行者，这种好人要他有何用处？"

恽代英的逝去是一个好人的逝去，他人格完美，思想先进，行动有力。柳亚子慨叹"苦行嗟谁及，雄文自此休"。

1950 年，周恩来为纪念恽代英殉难 19 周年题词，对其一生做了高度评价："他的无产阶级意识、工作热情、坚强意志、朴素作风、牺牲精神、群众化的品质、感人的说服力，应永远成为中国青年的楷模。"

附：家书二封

葆秀大鉴[1]：

汝去我而逝已匝月矣。吾未知汝魂魄有知耶？我无汝尚能勉自排遣，汝无我又无汝所爱之弟妹，汝何以度日耶？吾昨闻全婶言，血晕之时毫无苦痛，汝幸能无苦痛而去，吾闻之亦心慰。吾无情之人，近来待汝较汝初逝时已略淡漠，汝当冷笑而置之也。惟余可以慰汝者，前与汝言合葬之事，父亲大人已经允许，不续娶之事亦可办到。现与汝卜地落驾山[2]，先妣与王氏先祖妣墓地之间，择期本月二十七日发引安葬。呜呼！吾与汝姻缘如是之短，殊令人思之不服。他生之缘，愿无忘之。父亲意欲吾稍缓纳亲，吾意汝生前一杯一箸，犹爱情不肯轻畀[3]他人，岂以我身汝甘使他人一尝鼎[4]耶？吾之有愧于汝，料汝英灵必能谅原。吾自今以后，惟当更求守身如

---

[1]1918 年 3 月 28 日，恽代英写给亡妻沈葆秀。

[2] 落驾山：即现在的武昌珞珈山。

[3] 畀：给予。

[4] 一尝鼎：即"尝鼎一脔"之意，比喻根据部分推知全体。

玉，使此心如古井不波。吾意我若先汝而死，不知汝哀痛何如，或汝以身殉我矣。吾即不能以身殉汝，若更不能为汝守此心，守此身，他日同穴，以何面目向汝耶？吾本有独身终老之心，且吾亦以学一自立生活为乐，汝既不终天年，吾初无须人扶持，汝如有知，于汝之去我太亟，亦不必悔，更不必念我寂寥，惟有法可续他生之缘者，必力求之，此则所以惠我者深矣。此生已休，惟他生可卜耳。

　　吾思汝从我两载余，初无何等乐境。吾作事过于刻板，且爱书过于爱汝，每使汝孤寂无聊，今日回忆殊有愧矣。吾原谓将来卒业，则汝之幸福渐增，岂知汝竟不待吾卒业而去乎？吾即失汝，今日所谋者，则卒业后就事，如何填补此次丧事亏空。且父亲之意，吾等能回江苏亦狐死正邱首[1]之意。且先妣之葬，略有谬误之处，吾意就事钱稍多，则将迁先妣与汝之枢回常州。江南风景较此为佳，且从此汝更可与先妣相近，盖吾等意欲购大地一块，永为吾家墓地。

[1] 狐死正邱首：出自《礼记·檀弓上》，从姜太公被封于营丘（齐国都城），返葬于周，联系到狐死时把头摆正方位，面对着它出生的土丘，意为不忘本也。

呜呼！吾果有所入不与汝谋阳宅，乃谋及阴宅，吾不知汝瞑目乎？否也。

前者卿问我，卿死后我将如何，今除同死一言，我一一皆践其诺矣。吾坚持不续娶，吾意汝必怜我，然亦不必怜。吾性孤介，前者幸得汝，不然欲有家庭之乐，未必能也。吾今又安得端肃聪明如汝者而妻之？且得此等人，如待遇同于汝或更优于汝，我宁死不肯为。吾惟愿汝魂魄常依附吾身体，吾将来至上海，汝仍随我至上海。我虽不见汝，我心滋慰。又汝终不能常入我梦，吾意汝魂魄或已无知，果无知亦免汝柔肠百折，珠泪千行，事亦良佳。惟恐或虽有知，强鬼挟持汝，不使汝与我相见。吾意果有鬼必有神，吾将力求修德造福，使神灵可护我，并我所爱之人。使我等痴愿必偿。向如魂魄无知，我将未亦归于此境。惟愿化灰尘后，汝之躯壳与我之躯壳更糅杂，不可辨。其中又不许他人之躯壳相糅杂，此亦无知之一乐也。吾等既合葬，此乐或可求而得之。固合葬使汝兆偏左，留其右以待我，汝喜耶？嗔耶？惟愿我将来死后能见汝来相迎，从此永远同眠于重泉之下，以雪此壳，则异室之根，吾知汝再见我之时，或不至憾余言不顾行，事死不能如事生也。

仲清每露感汝及感余之意，其情甚真挚。吾原推爱卿之心以及彼，今已无以报卿，故尤注意彼。吾犹忆汝前年归宁后，告我汝家中仲清等之不上进，颇倦倦无以为计。人言女生外向，汝之念念母家，何曾外向？是知汝固非寻常女子也。仲清欲来与我同居，父亲、岳父俱已赞同。此既慰我寂寥，亦于仲清有益。吾将来至上海，必设法挈仲清往投考学校。吾常见仲清，常为仲清尽力，庶几稍足以自恕负汝之罪，亦使汝不更以汝家未来事为虑也。

自汝逝后，伯父、父亲、岳父俱虑余悲思过当，或致狂疾，吾当事诚抑郁不解，老天何心乃如此处我？事后追思，又觉我处置多所失当，使汝致于此。吾思死诚不足为祸，惜不得同死。更以家中诸多关系，亦不敢同死。吾既不死，又敢狂乎？吾果狂何益于汝？他人不谅，或且以为汝致我狂，则重诬汝矣。近来力求排遣之法，精神渐觉复原。呜呼！吾等不幸而运乖，遽成异世之人。我死与不死，狂与不狂，再娶与不再娶，总觉许多未安，但亦只得求比较可安者而安之。吾知汝在冥中，亦必心中转侧，不知如何为我为计。事已至此，更无善计可言。汝第任吾今日所行，不必又或有所歉然于心也。汝不必念我无子，我之不信无后为不孝之说，汝所素知。我苟立志向上，吾父乃及祖宗必不以无后责我，更不致以此怨汝，汝一切放心。汝既为吾家而死，历代祖宗必矜怜汝，其他愚拙之事，发于我之痴情，无与于汝事也。

吾已以汝临产之一切情形撰《临产之大教训》一篇，又撰《悼亡杂话》一篇未成，此二篇均不甚可意，或须改作少年失偶，汝我难堪之情，谅无大异。吾惟祝汝无知，汝果有知，或更不能善排遣如我，吾惟愿汝能宽心自寻乐趣。

吾为汝筹葆秀大工厂事，苟天假以缘，事非难成。吾失汝，琐屑之事，顿无人为助，外间如遇得意之事，亦无可告语。吾为汝擦棺、购置点心，意欲一睹汝笑容，终不能见。前者岳母生日，吾亲携点心二包往赠，此汝屡嘱我而我不为者。今我为之，汝不及见矣。是日与姚舅舅等打牌，吾又念今年新正，终未从容与汝一游嬉，此皆吾作事过于刻板之过。吾不知如何能补此缺憾，吾惟愿常保此灵明，死后做鬼夫妻。庶几不致再有缺憾如此刻。吾自问，除一种痴情，一种向上心，并此干净身体以外，更无事可以对得住汝。汝爱吾不肯深责吾，吾以此愈不能忘汝矣。汝怀孕十月，不知所受是何滋味，中夜疼痛不能安枕，尚宁默然自己下床料理一切，知我睡眠有定时，早起不欲过晏，终不愿轻易扰吾。呜呼！吾今日思之，愈不能不悯汝，吾不知体贴汝，待汝虽不严，而酷如此，吾惟有于汝去后，本吾良心，不作一负汝之事，不然吾无以自恕矣。吾愿吾他生托身为女子，与汝为妇，亦一尝怀孕分娩之苦，以赎此生之罪。此言出于吾之赤诚，汝必能相信也。

父亲知吾拟每月致汝一函，谓如此恐遭魔祟，此父母爱子之心。余意以遵命为是。惟吾每月十五日必一计是月中为汝所作事若干，以志不忘。汝不得每月得吾书，或非汝所愿，汝能魂魄依余，则余之心即汝之心，余之身即汝之身，更不必假尺素[1]之力而情愫始通也。家中自汝丧后，群众一辞，以迁家为宜，床空衾冷，我亦难以为怀，不如不见为净。如因汝伤我身体，汝必不安，且亦过于拂诸长者之意也。吾如卒业就业沪滨，每年至少必两度省视汝墓，在此则拟每年四次。吾已无事报汝，惟以一颗心请汝鉴纳而已。

我校中尚未开课，大约总可以敷衍毕业，四弟因料理家务，前

---

[1]尺素：古人多用白色绢帛来写信或作画，通常长一尺，后来也借指书信或小的画幅。

不久始赴宁，近因宁疫甚盛，避之杭州。吾前与汝约就业沪滨，得便必游苏杭名胜，今已不可得矣。抱冰堂花又盛开，汝魂魄亦能一往游览耶！吾言有尽，而意无穷，吾亦不知将来更何时致书于汝，惟于有必要情形时，必不忘致书耳。吾自号"永鳏痴郎"，我亦痴，汝亦痴，既痴于前矣，安容不遂终身痴乎！汝以吾言为然否？

代英

季鹰[1] 妹：

五月廿日信由强弟转来，不觉回环读了几遍，心胸中自然充满了的快感。我初虑强弟或仍不免于旧式婚姻，又虑强弟交游太狭，或不能得理想的配偶。今读妹此函，吾诚不自觉的以手加额为我强弟庆。以我知强弟之深，亦复不自觉的为妹庆也。

来函云在杨效春房间得一相见，我犹能忆之。对我奖辞，容有过当。所谈志愿性行，我实无任敬佩。强弟能得如此良友，如此畏友 [2]，终身作伴，料应朋辈当妒杀耳！迟婚实有利益。我辈老父既因我决于独身，诚不能无早望强弟成婚之念，但为人慈和通达，终不十分相强。我已将妹函附于家禀转寄老父，我意读此函后当能感恍然如见佳儿妇之乐，更可以不复念念于怀也。

人家说"结婚是爱情的坟墓"。我料强弟及妹，能均葆持今日志行，必可免于此状。普通结婚后所生的坏影响，一是男女性情不

[1] 季鹰，即葛季鹰，江苏南通人，恽代英四弟恽子强的妻子。她在南京高师读书时，和恽子强相识，并和恽代英通信。恽代英支持并鼓励他俩恋爱。葛季鹰、恽子强先后参加中国共产党。葛于 1938 年在上海病故。

[2] 畏友：品德端重，使人敬畏的朋友。

平和谅让，二是每因经济上彼此计较发生意见，三是只知恋爱别无正当志愿，及彼此间尊重人格的思想。这均非强弟及妹所有的情形。我因此不能不祝你们的"爱"的前途无量。

我因欲以一日之长谋社会的根本改造，故不欲以儿女之事自累。然近来以个人债累（由于以前经营书社、工厂失败的结果），仍不能不稍为金钱束缚行动。本年以到成都之便，遂任高师教育学一席，我极无意模仿学者，纵偶有独见，此终觉非分也。现友人约到上海大学任总务长一席，我已以支款了结宿债为条件，决定承诺与否。但八月间总须到沪一行，下半年事现仍不能自决。不过据友人来函，上海大学任教多一时畏友，苟稍经营可为一般改造同志驻足讲学储能之处，故颇重视之也。我约十日后离此。

我亦欲与强弟协力担负，使老父稍息仔肩[1]。但年来偏责强弟的稍多，即将来遇艰危转徙之际，或仍不能免此。惟愿机会较佳时，我终可分任若干也。我们终久当移家江南，若能以将来弟妹结婚的小家庭为基础，然后移家，则自可免于许多旧家庭恶习也。好在家

---

[1] 仔肩：所担负的任务，责任。

父既不守旧，一庶母年幼而无恶性质，将来可使以工艺自给，一妹则强弟抚视教化之，可信家庭中亦无难处事也。

我视家如旅舍，然正好助弟妹等建立自然而有幸福的家庭。我决不欲吾弟、吾妹为家庭而损害恋爱的幸福。我将来可以为你们的高等顾问也。一笑！

我能与我的弟妇如此絮谈，殊为有味。然吾妹实不仅我的弟妇，一方实系我的朋友，我们仍愿在品行学业上，互相切磋鼓励。我望吾妹无论何时，均不因我为夫兄而有许多委曲隐讳。吾妹为吾挚爱之强弟的爱人，在吾心胸中比之视吾康妹[1]（在南高附小的）还十分亲切。所以我很不愿无论何时，吾弟或吾妹有因家庭而忍受委曲隐讳的痛苦的地方。果有此等地方，我必尽力为之救正。此皆出于至诚，强弟必深信我，而预料吾妹亦必深信我也。

代英

六月十九[2]

---

[1]康妹：恽代康，恽代英的异母妹妹，时在南京高师附小读书。恽代英牺牲后不久病逝。

[2]1923年6月19日。

附：相关链接

1.恽代英纪念馆

恽代英纪念馆位于江苏省常州市晋陵中路500号。20世纪20年代恽代英姑父汪仲涵一家曾赁居于此，80年代被常州市文管、规划部门列为常州市文物控制单位。纪念馆坐西面东，是一组两路两进的清代传统建筑群。

纪念馆以"青年的楷模恽代英"为主题展，通过70多块展板，详细介绍了恽代英的生平和革命生涯。同时配备一台巨大的电子书，详细介绍了恽代英的生平、革命事迹等。馆内布置有三座恽代英塑像，一座全身像，两座场景塑像。场景塑像一为黄埔军校时期的教官形象，正在进行做课堂教学；一为革命起义时期的形象。

2.《中国青年》编辑部旧址

位于上海市黄浦区淡水路66弄4号（原萨坡赛路朱依里252号），是一幢砖木结构的旧式石库门住宅，坐北朝南一楼一底。

1923年8月，中国社会主义青年团第二次全国代表大会在南京举行。同年10月，《中国青年》在上海创刊，主编恽代英。创办之初，编辑部没有固定场所，信件由恽代英的居所辣斐德路(今复兴中路)186号"但一君"（即恽代英）转。1924年春，《中国青年》迁至此处，编辑部办公室在二楼的客堂和亭子间，印刷间在三楼小楼阁。1927年四一二反革命政变后，《中国青年》迁到武汉出版。

3.中共五大会址纪念馆

中国共产党第五次全国代表大会会址纪念馆位于"中国第一红

街"——武汉市武昌区都府堤 20 号，是中国共产党主要缔造者、创始人毛泽东、陈潭秋早期革命活动旧址。会址原为 1918 年创办的国立武昌高等师范学校附属小学，7 幢建筑物呈"回"字形，均为砖木结构。

"中国共产党第五次全国代表大会历史陈列"展览由"高潮与危机""贡献与局限""应变与转折"三大展区组成。展览除丰富的文物和历史照片外，还借助气雾屏、电子翻书、幻影成像、人物蜡像等多种科技和艺术手段，再现了中共五大召开的历史背景、会议经过和影响，体现了党史界对五大研究的最新成果。

5.《恽代英日记》，中央档案馆等编，中共中央党校出版社，1981年

此书为恽代英 1917—1919 年（22—24 岁）3 年日记的汇总，60 余万字，是其教育面貌与思想轨迹的实录，也是研究五四时期一代青年的人生选择的极佳材料。

6.《恽代英全集》，人民出版社，2014 年

《中国共产党先驱领袖文库：恽代英全集（套装 1—9 卷）》编选了恽代英于 1914 年至 1930 年间发表的演讲、撰写的文章、草拟的文件以及与革命同人的来往信件等历史资料，具有重要的理论价值和学术价值。

赵一曼：

一心为社会，万古可流芳

赵一曼（1905—1936），原名李坤泰，学名李淑宁，又名李一超，在坚持抗日期间化名赵一曼，四川宜宾人。1926年加入中国共产党。1927年入武汉中央军事政治学校学习，同年去莫斯科中山大学学习。1935年担任东北人民革命军第三军第一师第二团政委，在与日伪军作战时受伤被俘，在狱中坚贞不屈，1936年8月2日在珠河（今黑龙江尚志市）被杀害。

"领土一省又一省地被人侵占，人民千万又千万地被人奴役，城村一处又一处地被人血洗，侨胞一批又一批地被人驱逐，一切内政外交处处被人干涉，这还能算什么国家！？这还能算什么民族！？"

"同胞们！中国是我们的祖国！中国民族就是我们全体同胞！我们能坐视国亡族灭而不起来救国自救吗？"

"共产党和苏维埃政府号召全体同胞：有钱的出钱，有枪的出枪，有粮的出粮，有力的出力，有专门技能的贡献专门技能，以便我全体同胞总动员，并用一切新旧式武器，武装起千百万民众来。"

这是《为抗日救国告全体同胞书》（即"八一宣言"）中表达的最危急的现实与最迫切的呼吁。《为抗日救国告全体同胞书》1935年8月1日由中共驻共产国际代表团起草，10月1日，以中华苏维埃中央政府和中共中央的名义在巴黎《救国报》上发表，号召全国人民团结起来，停止内战，抗日救国，组织国防政府和抗日联军。

《救国报》由中共驻共产国际代表团创办于1935年5月15日，编辑部设于莫斯科，印刷和发行所设于巴黎。当时在巴黎主持印务的是陈达邦，作为印刷部主任兼印刷厂厂长，他亲手排印《为抗日救国告全体同胞书》，"抗日血战""为救国捐躯""为抗日而入狱""抗

▲ 1927 年的陈达邦（后排右一）

日部队艰苦斗争""救国运动"……一幕幕救亡图存的场景如在读者眼前，表达着中国人民"绝不甘心作日寇的牛马奴隶"的决心。

八年前，陈达邦正是从黑龙江走水路出境赴莫斯科中山大学学习的，遥想当年，他从海上抵达海参崴，经西伯利亚铁路到伯力，再经水路至黑河……东北给他留下了多么亲切的回忆！在 1927 年的那段航程上，他和一位四川姑娘李淑宁结识，产生了感情，1928 年 5 月在莫斯科结为夫妻。

1928 年 11 月中旬的一天，李淑宁接到了回国的任务，陈达邦与身怀六甲的妻子离别。陈达邦再次得知妻儿的消息是在 1930 年，他收到了妻儿的一张合影，妻子附信说："别离很久，想念很深，你的儿子诞生了，我们一切都很好，不必挂念，望你珍重。"

照片中很久未见的妻子与未曾谋面的 1 岁 3 个月大的孩子，给陈达邦带来了深深的慰藉，然而直至 1935 年，陈达邦由莫斯科转赴巴黎，

▲赵一曼与儿子

其间再也没有获悉妻儿的音讯。在离开莫斯科之前，他担心这唯一的纪念遗失或被敌人搜查到，将照片与附信一并存进了共产国际档案馆。

令陈达邦万万没有料到的是，在他亲手排印的《为抗日救国告全体同胞书》中隐藏着关于妻子的重要消息！天意弄人，20年后他才知道真相。当时妻子就在抗日英雄赵尚志领导的队伍中，化名为赵一曼，《满洲日日新闻》将其描述为："身穿红装，骑上白马，跨过山林，飞驰平原，宛如密林的女王。"

不久，迫于国民党当局的压力，法国政府向《救国报》发出"停止邮寄"通知。进行交涉的吴玉章经过考虑，建议更名出版，"汉字报头增加一个'时'字，并不大引起人们的注意。而在法文报头上，却如同新出一家报纸"。《救国时报》创刊于1935年12月9日，第一期第一版的头条就是《东北抗日联军第三军赵尚志军长捐助本报出

▲《救国时报》

版日刊基金国币一千二百元正（整）》。赵一曼时任东北人民革命军（1936年2月改称东北抗日联军）第三军第一师第二团政治委员。

就在此前1个月左右，1935年11月15日，第2团50多名战士被日伪军500余人围困于一座山间。赵一曼协助团长指挥作战，与敌激战数日，连续打退敌军6次进攻。为了掩护队伍突围，赵一曼左手腕受伤，后在珠河县春秋岭附近藏身于一农民家中。11月22日，由于汉奸告密，30多名日伪警察包围了赵一曼在山里养伤的窝棚。突围中，赵一曼腿部中弹，被日伪警察俘获。1936年8月2日，赵一曼在珠河（今黑龙江尚志市）被敌人杀害，时年31岁。

陈达邦一直期待着妻子的消息，然而妻子永远不可能再送来任何消息了。他收到的照片及附信是妻子最后的消息，也是1927年至1928年他们一年多的爱情婚姻生活唯一的记忆。

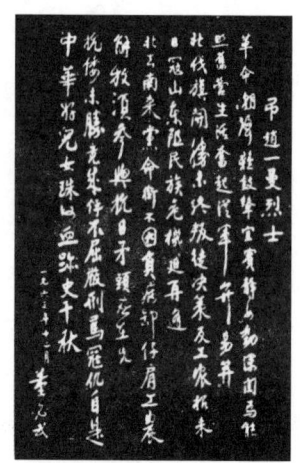

▲董必武七言诗《吊赵一曼烈士》

赵一曼本名李坤泰，乳名淑端。在家乡求学时期，她接受了五四进步思想，反抗封建礼教，为妇女争取受教育的权利，以笔名李一超发表文章。她外出求学，取学名李淑宁。1926 年加入中国共产党，关注国家和民族的命运，参与到更广阔的社会生活中，先后在武汉中央军事政治学校、莫斯科中山大学学习，与陈达邦自由恋爱步入婚姻。1928 年，23 岁的赵一曼从莫斯科中山大学回国，在江西、上海等地做党的地下工作。1934 年，她化名赵一曼在东北地区参加抗日游击战争。正如她在《滨江抒怀》中所言："男儿岂是全都好，女子缘何分外差？一世忠贞兴故国，甘将热血沃中华。"

赵一曼的一生是女性谋求权利、争取解放的一生。董必武做诗悼念她："革命潮声杂鼓鼙，宜宾静女动深闺。焉能照旧营生活？奋起从军弁易笄……北去南来党命衔，不因负病卸仔肩。工农解放须参与，抗日矛头应在先。抗倭未胜竟成俘，不屈严刑骂寇仇。自是中华好儿女，珠河血迹史千秋。"

★

李一超：端女儿乃刚烈之女也

1924 年 7 月 3 日晚，《女星》编辑部的李峙山审读了署名李一超的文稿《请看我的家庭》，她将原稿标题改为《在家长式的哥嫂下生活的李一超女士求援》，刊登在 1924 年 8 月 11 日出版的《女星》第 51 期上。李一超就是李坤泰。

李坤泰在文章中总结历史上中国女性的处境，"我们女子受了几千年不平等、不人道的待遇"，她急于做一番改进，"我感觉到这个时候我极想挺身起来，实行解放，自去读书"，但是她却遇到了来自家庭的阻力，"家长哥哥""逼我出阁"，所以，她想寻求帮助，"请同胞的姊妹们和女权运动者，帮我设法，看我要如何……才能达得到完全独立？"

她激烈的情绪充斥字里行间，"请看我的家庭，是何等的守旧！是何等的黑暗！""阎王似的家长哥哥死死把我关在那铁篱城中，受那黑暗之苦。"真应了父亲生前对她的评价："端女儿（她的乳名叫李淑端）乃刚烈之女也。"李坤泰的父亲李鸿绪于1918年去世，彼时她才13岁，家业由大哥李席儒掌管。

这是一个封建大家庭，有正屋与厢房，有药铺与私塾，碾坊可碾米，糟坊可酿酒，戏台可唱戏。这里有供长工居住的地方，四周有用做安全防护的围墙等，赵一曼在此出生并成长，也意味着要遵循封建旧道德对女子的种种束缚。

稿子是在姐夫郑佑之的帮助下寄到由邓颖超、李峙山主编的天津《女星》报的。郑佑之，1912—1914年就读于四川高等农业学校殖边科，原本立志于赴边疆从事农业生产，后因经济困难，未修完学科年限就肆业回家。1921年，郑佑之在宜宾创办学校，1922年在恽代英的介绍下加入中国共产党，成为四川最早的一批共产党员。此后，郑佑之在宜宾积极发展党员，组织农会，开展革命，人称"川南农王"。

郑佑之是赵一曼的思想启蒙者。文章发表时，编者李峙山加写的署名按语说："因投稿者声明要登在《女星》，而收到时又正值《女星》稿已发印……故迟至今日始与读者相见。我已将我个人意见写信告诉伊了。读者如有好的办法，请即刻写信来，我当转达。"

由于全国各地读者来信踊跃，两周后，即8月25日，《女星》第53期特辟《援助李一超》专栏。编者李峙山仍加署名按语："自本刊

▲赵一曼的大姐夫郑佑之

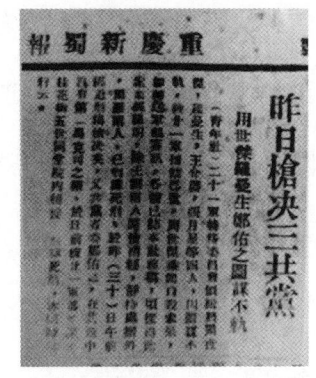

▲《重庆新蜀报》关于郑佑之被捕
就义的报道

发表李一超女士自述文章后，接连收到同情援助的函件三十余封。除声明不愿发表的以外，均摘要录下。足见中国人并不是没有同情与互助精神的。可是李一超在四川，需过些时候才能领到诸君的盛意。我在这里先代表伊致谢一声。"

在这些来信中，有的读者着眼于李一超事件所表现出的普遍性，呼吁加大宣传力度，促成女性觉醒并为其提供生活的道路。北京的张萍英女士在8月17日写给李峙山的信中说，"我相信处在李一超女士同等地位的女子并不止伊一人"，我们的注意力应"放在大多数被锁在家庭里不能享受教育机会的女子身上，来谋一个全盘的解决"，要着力于"宣传大家庭的罪恶与容纳由牢狱中逃出的女子并给一个生活的道路"。

　　有的读者援引发生在身边的实例，抒发自己感同身受的心情。署名"卢少元"的男青年在信中写道："读了李一超女士的自述，不禁引起我一阵悲感。我有一个妹妹就是因为与祖父奋斗，要求入学读书不得而投水自杀的。"他赞叹李一超向社会宣布自己痛苦的勇敢行为，断定她"必是个能者"，希望社会能救济这位"有志的女青年"，避免像他妹妹那样"演于悲境"。

　　有的读者经历与其相仿，给予了她莫大的同情与鼓励，一封请"崎山先生转敬佩的一超女士"的信来自正在北京投考学校、异常忙碌的王文彬，他说："我读了你那篇自述后，不觉怒发冲冠，血气沸腾，想给你做个奋斗先锋者。虽然我们青年前途远而且大，但是站在这黑沉沉的地狱似的家庭里，不奋斗，焉有光明；不破坏，焉能建设？一超，我祝你做一个毅力坚决的奋斗青年女子！"

　　更有许多同情者、支持者为她摆脱封建家庭、外出读书出谋划策。署名"续先"的朋友认为要"做一个完全的女子""脱离苦海立身社会"，可以"私自逃出到上海或天津来"，女界团体"总有一番切实的援助"。署名"索陶"的朋友说："观伊的文字，尚属清顺可读。脱离了家庭，能读书更好，不能亦可在商店或学校担任维持生活的工作。"

　　南京署名"世桂"的朋友认为，在报上声明与哥嫂脱离关系后，可以"来学校或报馆里或者在女星社里当一个职员"，求学方面可以通过自学，他可以"尽点义务：一、于每年中愿寄到女星社十元左右的经费；二、我有朋友送我一部商务印书馆函授英文讲义（不甚完全），我愿借给李君；3. 李君如有关于数学及物理学的问题，下问及我时，我愿尽力答复"。

李坤泰读到各地青年朋友的声援信，备受鼓舞，意识到了女性觉醒的价值，于是开始从关注自身的解放转向帮助周围的女性。1925年4月，李坤泰的二姐李坤杰在白花场曾家湾主持召开白花场妇女解放同盟会成立大会，李坤杰被选为会长，李坤泰任文书。

1926年春节后，在大姐夫郑佑之、二姐李坤杰的帮助下，李坤泰考进宜宾女中。在一篇题为《"不如归去"与"炒米糖开水"的呼叫声谁更凄惨》的作文里，她由古典诗歌中杜鹃叫声的凄厉意象引出"炒米糖开水"小贩的叫卖声，相比之下，认为后者"更凄惨，更令人同情"，那些"被压在社会底层，苦难深重，挣扎在饥饿和死亡线上"的"贫苦的人民"更应该得到关注。李坤泰将对女性的思考拓展到更广大的人民群众，并且愿意为此承担改造社会的义务，"这种社会的不平等现象，必须改造它，这是责无旁贷的"。

1926年3月，李坤泰加入中国共产党。7月，因组织"抵制洋货"运动被宜宾女子中学开除学籍。当时正值国共第一次合作期间，因此，中共宜宾特支决定以国民党宜宾党部的名义创办一所学校——中山中

▲《女星》第14期（1923年9月5日）
上刊登了"女星第一补习学校开校纪事"

▲女星社是邓颖超同志青年时代
在天津创办的妇女运动团体

学，专门招收被各校辞退、开除的学生，以支持爱国学生的正义斗争，培养革命力量。中山中学于1926年11月12日孙中山诞辰纪念日正式开学。

经历了校园生活与社会实践，李坤泰在《宜宾中山中学开校记》中总结自己："今天是我们学校开校的第一天，老师的批语……你的毛病第一粗心！第二不耐久，有始无终，第三动辄冒火！若不赶快觉悟改良，……想必一事无成，兼愁短命。"

她将在随后而来的军校生活、革命浪潮与抗日风暴中得到淬炼。李坤泰"觉悟改良"成为李淑宁，最终成为赵一曼。

★

李淑宁：中国第一批军事院校的女兵

1927 年 2 月 12 日，张之洞开办的原两湖书院旧址经整修与扩建后焕然一新，原仁、义、礼、智、信 5 个斋房和南北书库均被改建成课堂和宿舍，原藏书楼分作两部分，楼下为礼堂，楼上为校部办公厅。这所新的学校就是中央军事政治学校武汉分校，下午一点半，这里举行了隆重的开学典礼。

主席台的桌布上从右至左书写有学生的开学誓词——"建设民主政治，完成民族解放，参加世界革命"等。台上有 200 余人，台下除分校 2 900 名学生外，亦有学兵团 3 000 名学兵。次日，汉口《民国日报》对开学典礼进行了报道："场之上首设礼台一座""学生千余人，整队分列台前"，在当时是一场空前的盛事。

代校长邓演达发表演说，强调学生应担当为农工解放的使命，"本校是黄埔的分校，要继承和发扬黄埔的革命传统，使军队受党的指挥，使军事训练和政治的训练并重，使革命的武力与民众结合，要特别以民为本……要使全民众尤其是百分之八十的农工们能真正得到解放"。中央委员吴玉章在讲话中也特别重申了"为全中国痛苦民众与全世界

▲中央军事政治学校武汉分校开学典礼 ▲1927 年 2 月 12 日，武汉分校举行
开学典礼。前排右三为邓演达

被压迫阶级谋幸福"的誓愿："我们革命的敌人是世界帝国主义及国
内的军阀……我最希望武装同志们切不要作第二个军阀，要为全中国
痛苦民众及全世界被压迫阶级谋幸福。"

李坤泰作为新生站在队伍中聆听讲话，她是 195 人女生队中的一
员，和男生一样，着深灰色军装，紧束着皮腰带，戴着军帽，打着绑腿，
并肩站立。这对她来说，不啻为一次新生，她报考时换了一个新名——
李淑宁。同为女生队一员的陈德芸与胡兰畦在后来的回忆里都提及李
淑宁。陈德芸与李淑宁在赴武汉复试的船上结识，开学又被编入一队
学习。从《胡兰畦回忆录》里我们知道，李淑宁是女生队党小组负责人。

她们是中国第一批军事院校女兵。恽代英赞扬她们，是"中国妇
女解放的先锋和榜样"。受长期封建积习的影响，中国青年女性很少
抛头露面，离家上学已属少见，让女性进入正规军事院校学习革命道

理和军事知识、军事技能，是中国教育史上的创举，也是一件划时代的大事，在世界上亦属首屈一指，美国西点军校于1978年才开始真正招收女学员，比武汉分校晚了整整52年。

胡兰畦回忆说："过去大家都羡慕过古代从军的妇女，曾经有过很多幻想，很多希望，但结果却总是一场空梦。今天，……军校招收女生终于成了事实。我们就要开始真正的军人生活了，心里那股高兴劲，简直别提多美了！"

然而在此之前，女子从军的阻力一直很大，关于女子从军的问题在社会上是有一番热议的。但是女性冲破封建伦理纲常束缚已是时代风气，大势所趋。1925年，《中国军人》杂志为庆祝国际妇女节15周年，专门撰文《军人与妇女》进行宣传。在世界各国妇女运动兴起的现代社会，妇女不再是旧时代男子的战利品和工余时的消遣品，要起来争回自己应得的权利。文章回望了古今中外巾帼英雄的从戎伟绩，号召中国妇女也要武装起来，打倒帝国主义和军阀——"吾亲爱之姊妹诸姑，其速武装完成国民革命，以追取应得之平等自由，以洗女界之旧污，发扬女权，以追求人类最高之幸福。"

李淑宁从摆脱旧式家庭的束缚到成长为一名共产党员，已拥有很高的思想觉悟与丰富的社会知识，怀着强烈的爱国之心与报国之情来到这里，受到了极大的感染。当时的同学陈德芸回忆宋庆龄演讲，"记得孙夫人身着花格子旗袍"，"仪态大方，风采动人""爱国忧民之心溢于言表"。后来她和李淑宁、游曦"二同学曾一起讨论过这些演讲，对孙夫人的革命气质尤为钦佩"。

宋庆龄的祝词由中共湖北省委妇委书记袁溥之"大声转述"，言简意赅，师生为之动容。原来，宋庆龄嗓门不大，邓演达就请袁溥之站在宋庆龄的身边当"翻译"和"扬声器"，袁溥之年轻、嗓门大，宋庆龄讲一句，袁溥之就大声传一句。这个细节带着新女性特有的凛然之气。

在和同学的深入接触中，李淑宁发现自己还是非常幸运的：在她成长的过程中，有大姐夫郑佑之、二姐李坤杰带给她进步思想；外出求学，她也感受到了社会上正义的力量，以及个人价值正在实现的惊喜与兴奋。

而其他女同学的境遇，也让她愈发坚定了革命信念。直隶丰润县的刘小姐，家庭条件优越，读过书，即将步入一个"门当户对"的婚姻，但她不满意这种生活，总想为社会做一点儿什么。于是离家出走，但路费被偷，只能冒险逃票上车，被赶下车又混上车，如此反复折腾了几十天才到武汉，已经憔悴得不像样子了，但她对于自己的选择并不后悔，"有成千上万的儿女离开了她的父母这一件事，那么我们自己难过时，就应该替别人难过；但单是替别人难过有什么用呢？因为单是同情是没有用的，所以要革命；为了革命而毁家丧身，不仅不是

▲王亦侠20世纪20年代在北京

痛苦的事，而且是很愉快了"。

山西临汾的王亦侠更是"神奇"，她是抱着孩子来投军的。这不是她第一次放弃安逸的生活了，她曾为临汾女子高小校长、女师附小主任，有一定的社会地位和较好的经济条件，但受"改造中国"和"世界大同"思想的影响，她放弃原有的生活，到北京考入了世界语学校，后结识比她高一届的同学、共产党人张稼夫，不久结婚生子。这次她又毅然来武汉投考，决心参加革命队伍，迎接新社会。可是孩子怎么办呢？当时，武昌花园山天主教育婴堂可以收养她的孩子，但条件是以后孩子就不再属于她，而是属于上帝了。她听后想，"哪有这样的事，母亲参加了革命军，却把孩子'送给了上帝'"，这是她不能接受的，她还有为人母的情感、责任与义务。被军校录取后，她把孩子寄养在一位拉洋车的车夫家，进入军校学习。为了革命，她选择了一个可以接受的结果。

李淑宁能体会刘小姐的决绝，与王亦侠亦感同身受。3 年后，她也经历了骨肉分离之苦。1930 年，李淑宁把 1 岁 3 个月的孩子寄养在陈达邦的堂兄陈岳云家中，没想到竟然成为永别。

女生队的住宿、饮食、课堂学习与操场训练都设有专门的空间，与男生队分开。除此之外，则遵循全校同样的军校纪律与生活节奏。军校生活严谨有序地进行着：早上 5 时半起床，晚上 9 时半睡觉，每日三操（早操，上下午各一次军事教练）、两讲（上军事课与政治课）；政治课包括政治学概论、政治经济学、社会进化史、中国及世界革命简史、三民主义等，军事课包括战术、兵器、筑城、地形四大教程，还有步兵操典、射击教范、野外勤务命令等；星期六打靶一次，下午擦枪、打扫卫生，晚上是娱乐活动时间；星期天分组上街进行革命宣传，有时还化装宣传或演街头活报剧。

中央军事政治学校武汉分校所在的两湖书院旧址，西靠平湖门、文昌门，濒临长江，东面是武昌最繁华的兰陵街，北枕风景名胜蛇山，南近原总督衙门。此时正是中国革命酝酿之时，却不料，武汉政府内部的叛变活动日益猖獗，形势危急。1927 年 7 月，武汉分校学生提前毕业，军校宣布遣散女生大队。为了培养和积蓄革命力量，党组织决定把一批青年党员秘密送往莫斯科中山大学学习，这其中就有李淑宁。

▲中央军事政治学校武汉分校学生宿舍

★

赵一曼：万民永忆女先锋

1950 年电影《赵一曼》公映，这是一部以东北抗日联军的斗争生活为题材的影片，着重表现民族英雄赵一曼的英勇事迹。在电影叙事中，1931 年九一八事变后，赵一曼受党委派任哈尔滨市总工会代理书记，和满洲总工会书记老曹一起领导电车厂工人反日罢工运动。1934 年，赵一曼任中共珠河县委委员兼铁北区委书记，组织义勇军开展抗日游击战争。负伤被俘后，敌人对其严刑逼供，一无所获后，唯恐她伤重而死断了线索，便送其入院治疗。在医院里，她启发教育护士小韩和看守董宪勋投奔抗日队伍。在他们逃至距游击区仅 20 公里的李家屯附近时，被敌人追上，赵一曼重陷魔掌。1936 年 8 月 2 日英勇就义。

　　在这个基本叙事线索中，战场、监狱、医院、刑场等场景中赵一曼的形象塑造深入人心。《赵一曼》是新中国成立初期备受瞩目的优秀影片之一，为新中国赢得了第一个国际电影表演奖。

　　但编剧于敏后来坦陈道，《赵一曼》"远不能描绘年轻女英雄的非凡胆识和冲天英烈"，原因是"素材奇缺"。当初，按照了解到的一般线索，于敏只能打造一个粗糙的写作框架，创作上非常困难，出于对电影"传记性"的定位，他决定去寻找"扎扎实实的生活原料"。电影中关于抗联战士战场生活的场景，全部来自抗联女战士李敏的描述，如抗联行军、宿营与战斗，在山里染布缝军衣，在冰天雪地中找食物、吃乌拉草等。

　　与赵一曼有过直接交往的同志大都不在人世了。与她假扮夫妻共同组织罢工的满洲总工会书记老曹，共同转战于珠河一带的抗联团长王惠同均已牺牲；曾护理过赵一曼，并帮助她出逃的护士韩勇义，不久前也因病去世。所幸的是，与赵一曼有过短暂接触的几个人，提供了一些具体的细节：在曾掩护过赵一曼的珠河一面坡的吕大娘印象里赵一曼极瘦；为赵一曼治过伤的张柏岩医生曾亲自给她打针、换药、指导护理，据他回忆，当时 X 光片显示赵一曼大腿上的碎骨头共有24块，面临截肢的危险，最后是采用保守治疗的方法才保住了她的伤腿。

　　随后，于敏在侵华日军战犯大野泰治的审讯笔供中，确认了更多的事实。1936 年 2 月，大野泰治在任伪满洲国滨江省公署警务厅特务科外事股长期间，采用极其残忍的手段刑讯已身负重伤的抗日女英雄赵一曼：1936 年 2 月 12 日，在珠河县公署接收了两名女子，"一名是 27 岁的赵一曼"，我"用手握或用鞭刺她的手腕弹伤，就共产党的组织和联络关系等，进行了将近两小时的拷问"。赵一曼疼得几次昏了过去，仍坚定地说："我的目的，我的主义，我的信念，就是反满抗日。"她自始至终都没有透露半点有关抗日联军的情况。大野泰治审讯无果，最后以"赵一曼没有利用价值"为由上报上级，导致赵一曼被杀害。

从日伪方面的报道中亦能勾勒出英杰赵一曼的一段生平：1935 年，《大北新报》《哈尔滨日报》等刊登文章《"共匪"女头领赵一曼，红枪白马"猖獗"于哈东地区》；1936 年 5 月，"《满洲日日新闻》"刊发《骑上白马的红衣美女失掉丈夫投身于反满抗日运动为了工作狂奔于密林》；1936 年六七月间，赵一曼逃走及再次落入魔掌后，《大同报》《盛京时报》等日伪报刊分别以《"红衣女匪"赵一曼勾结监视警察，由医院兔脱，各方严密搜缉中》《"女匪首"赵一曼逃脱未果被捕，同逃警士及女看护均捕获》为题发布新闻。

随着更多的史料被挖掘出来，赵一曼，这位抗联女英雄的形象经由电影而渐趋完善。

赵一曼恍如横空出世，人们并不知道她来哈尔滨之前的经历，也就

▲《盛京时报》的报道

自然不知道赵一曼原本不姓赵，她就是李坤泰、李一超、李淑宁。这一谜底的揭开来自两个家庭的寻找，两张照片的核验，以及诸多人物的确认。

★

从李坤泰、李一超、李淑宁到赵一曼

李淑宁于 1928 年 11 月回国，在宜昌、南昌和上海等地秘密开展党的工作。1929 年 1 月 21 日，李淑宁生下一个男孩，因为这一天是列宁逝世 5 周年纪念日，她自己的名字中又有一个"宁"字，所以，给孩子取乳名"宁儿"。

由于带着孩子参加工作多有不便，孩子也得不到很好的照顾，经过几番考虑，李淑宁忍痛把孩子送到在武汉的陈达邦的哥哥陈岳云家里抚养。1930 年 4 月，李淑宁抱着宁儿在照相馆拍下了合影。一张寄给莫斯科的丈夫，一张托郑易楠转交二姐李坤杰，郑易楠是李淑宁在宜宾女子中学的同学郑双璧的妹妹。

1952 年，郑双璧将这张照片交给李坤杰。这件最直观的物证，让各种寻找的线索汇聚在了一起。当年和赵一曼有过工作接触的同志、朝夕相处的游击队员和乡亲们一下子把她认了出来，而哈尔滨敌伪档案中赵一曼在病床上的照片，更是证明了李淑宁就是赵一曼。

从李坤泰、李一超、李淑宁到赵一曼，每一个名字都象征着这个女英雄生命中不同的成长阶段。赵一曼曾写下一首《赠友留念》给中共地下党方未艾："世上多风云，人生有聚散。今朝苦别离，他日喜相见。友情和爱情，男女都看重。言行不自由，两者将何用？理论与实践，纷纷说短长。一心为社会，万古可流芳！"诗中所说的"一心为社会"寄托了这位寻求解放的自由女性最崇高的理想。

1936 年 5 月 20 日，日伪控制的各大报纸都刊登了赵一曼被捕的照片，以《红装白马"女匪首"》为标题进行了报道。文中把赵一曼被捕时对日伪审讯人员说的话也刊登了出来——"我的主义就是抗日，正如你们的职责是以破坏抗日，逮捕我们为目的一样。我有我的目的，进行反满抗日运动并宣传其主义就是我的目的，我的主义，我的信念。"

怀着坚定实现共产主义的信念，为了崇高的革命理想，赵一曼告

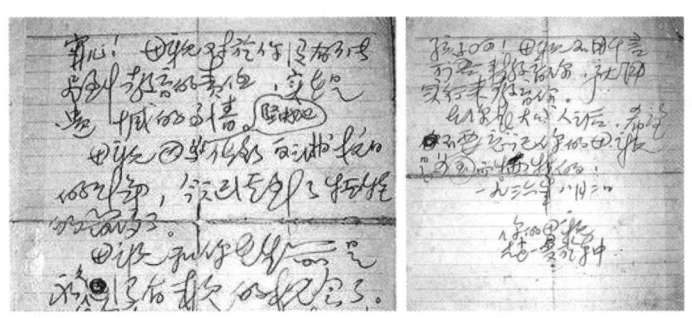

▲赵一曼写给儿子的遗书（陈掖贤抄录）

别了丈夫，离开了孩子，她跟丈夫说"想念很深""望你珍重"；她跟孩子说"对于你没有尽到教育的责任，实在是遗憾的事情"。

着红装骑白马的巾帼英雄必将跨过山林，飞驰于平原，穿越时空，万古流芳。

她是"永远的丰碑"。

附：家书二封

宁儿：

母亲对于你没有能尽到教育的责任，实在是遗憾的事情。

母亲因为坚决地做了反满抗日的斗争，今天已经到了牺牲的前夕了！

母亲和你在生前是永远没有再见的机会了。希望你，宁儿啊！赶快成人，来安慰你地下的母亲！我最亲爱的孩子啊！母亲不用千言万语来教育你，就用实行来教育你。

在你长大成人之后，希望你不要忘记你的母亲是为国而牺牲的！

一九三六年八月二日

你的母亲赵一曼于车中

亲爱的我的可怜的孩子：

母亲到东北来找职业，今天这样不幸的最后谁又能知道呢？母亲的死不足惜，可怜的是我的孩子，没有能给我担任教育的人。母亲死后，我的孩子要代替母亲继续斗争，自己壮大成长，来安慰九泉之下的母亲！你的父亲到东北来死在东北，母亲也步着他的后尘。我的孩子，亲爱的可怜的我的孩子啊！母亲也没有可说的话了，我的孩子要好好学习，就是母亲最后的一线希望。

在临死前的你的母亲

附：相关链接

1. 赵一曼故居

　　赵一曼故居位于四川省宜宾市翠屏区白花镇，是一座旧式川南民宅，始建于清代，坐北向南，土木结构，规模较大，有用于祭祖的正屋，有用于居住的厢房，有进行药铺经营和私塾教育的大屋，有碾米磨面的碾坊，有酿酒的糟坊，也有长工居住的地方，还有用于安全防护的围墙等，并培植有桢楠和桂圆树等名贵树种。这里是赵一曼烈士的出生地和主要成长地，存有大量赵一曼遗物。

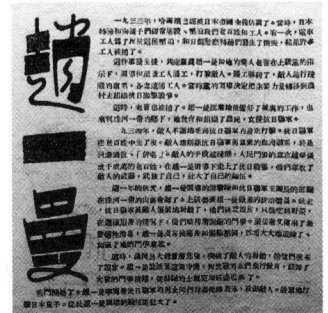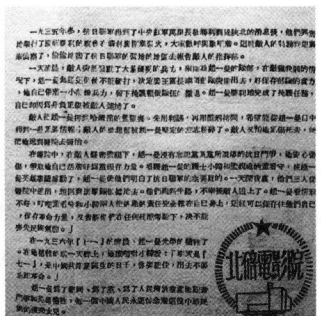

2. 赵一曼纪念馆

赵一曼纪念馆位于四川省宜宾市翠屏山麓的翠屏书院，纪念馆内共设有3个展厅和1个宜宾地方党史陈列室。陈列展出党和国家领导人朱德、董必武、宋庆龄、陈毅等人的题词，赵一曼从事革命活动的文献资料，以及赵一曼在东北进行抗日武装斗争的事迹。馆中还收藏了有关赵一曼烈士的实物171件，照片706幅，各类文献资料、题词等200余件，其中一级文物11件。

3.《中央档案馆藏日本侵华战犯笔供选编》，中华书局，2015年、2017年

由中央档案馆整理、中华书局出版发行的《中央档案馆藏日本侵华战犯笔供选编》分一、二两辑，全书120册，共收录日本侵华战犯842人的笔供，涉及笔供档案近63 000页。《中央档案馆藏日本侵华战犯笔供选编》采用大开本、高清晰度技术影印出版，整理过程严格尊重档案的原始性、唯一性与权威性。每份笔供内容涵盖笔供及其补充、更正、附言等，登记年龄、籍贯、家庭，介绍学历、职历、军历，条述罪行事件，记录战后思想转变，同时绘制的大量地图、图表等均作保留，是对侵华战犯亲笔供述的无删节、无修改的全面呈现。

彭雪枫：

英名永在，一世忠贞，是共产党人好榜样

　　彭雪枫（1907—1944），河南镇平人。1925 年加入中国共产主义青年团，1926 年 9 月转入中国共产党。1930 年 5 月起，历任中国工农红军第五军大队长，第八军纵队副政委，第三军团二、四师政委，江西军区政委。长征中曾任红五师师长，中央军委第一局局长。到陕北后任红一军团第四师政治委员。抗日战争爆发后，任八路军总部参谋处长兼驻晋办事处主任。1938 年组建新四军游击支队，任司令员兼政委。1939 年任八路军第四纵队司令员。1941 年任新四军第四师师长兼政治委员。1944 年 9 月 11 日，在河南夏邑八里庄战斗中牺牲，时年 37 岁。彭雪枫认为，"一个共产党员，应该要能说会讲，而又善于写作，下笔千言，倚马立待"。彭雪枫对共产党员的认知也成为他自身的写照："文武兼备，一代英才。"

　　1945年1月底,上海新华影业的摄影师薛伯青接到新四军交通员"急去淮北有任务"的通知,由水路秘密前往淮北根据地。

　　早在1936年12月,薛伯青就拍摄了攻克百灵庙的新闻纪录片《绥远前线新闻》,在上海金城大戏院上映,每天连续放映7场,场场爆满,盛况空前。新中国成立后,作为电影摄影师,他的名字更是和《夜半歌声》《壮志凌云》《木兰从军》《永不消逝的电波》《狼牙山五壮士》《二泉映月》,以及大型音乐舞蹈史诗《东方红》等电影联系在一起。

　　水路行船至新集子码头过夜,第二天下午五时,船在新四军的码头靠岸,薛伯青一行三人下船后直奔师联络部。据薛伯青后来回忆,"刚进入根据地,在路上便发现很多战士的臂上都戴着黑纱。我感到很奇怪,便向他们打听,但那些带着哀痛而又严肃的脸,没有作任何回答"。

　　原来,1944年春,日寇为打通大陆交通线,大举向河南腹地进攻,国民党40万大军不战而溃,河南全境沦陷。8月,彭雪枫率新四军第四师主力回师西征豫皖苏,收复失地。9月11日,在河南夏邑八里庄围歼土顽李光明的战斗中,彭雪枫用望远镜观察敌情,指挥部队作战,不幸被一颗流弹击中,英勇殉国,时年37岁。

　　鉴于当时津浦路西形势紧张,大战在即,为集中精力打退顽敌的

▲ 1944 年 8 月，彭雪枫在战前观察阵地情况

进攻，也为了保护彭雪枫的夫人林颖及其腹中的遗腹子，中共中央华
中局与新四军四师师部报请中央后决定：彭雪枫将军牺牲的消息严格
保密，暂不公布。而彭将军灵柩被护送至路东，暂存放于洪泽湖畔的
一艘小船上。

　　1945 年 2 月 2 日，彭雪枫将军牺牲的消息始得公布，并准备进行
公祭活动。所以，薛伯青这次的任务是拍摄彭师长追悼会的纪录片。
薛伯青 1937 年在太原八路军办事处初识彭雪枫，后又应彭雪枫之邀于
1941 年春、1943 年 7 月赴淮北根据地拍摄，因此，初闻彭师长牺牲，
他"一下愣住了"，"感到内心有一阵说不出的痛楚，以致无法控制
住自己的眼泪"。

1945 年 2 月 7 日，淮北各界人士约 16 000 人，在半城镇大王庄彭雪枫的灵柩前举行追悼大会。此前，部队已在 50 里外布置了防空警戒，防止敌人空袭会场。薛伯青拍摄了大会实况，最初的镜头就是从介绍淮北根据地及围绕追悼会的警戒部队开始，随后，按照追悼大会程序依次选拍。因为当时没有室内照明设备，薛伯青是用 100 支蜡烛作为光源拍下了彭雪枫最后的遗容。

身为一个摄影师在记录时需要客观冷静，然而由于与彭雪枫曾经交往的经历，以及现场"越来越沉痛的哭泣声"，薛伯青几乎不能自控，"当我拍摄到群众场面时，每个人都掩面呜咽，终于全场一片哭声，我坚持不下去了，我的手在抖，眼睛也因泪水而变得模糊"。

从四师师部驻地大王庄到半城镇西郊彭师长墓地，近 10 华里路程，成千上万的老百姓来为彭雪枫"送行"。沿途共设祭 128 处，祭案上全部的摆设只有这三样：一炉清香，一碗清水，一面明镜，象征彭师长"清如水，明如镜"。

同一天，中共中央办公厅、八路军总司令部在延安杨家岭中央大礼堂也举行了彭雪枫同志追悼大会，毛泽东、朱德、彭德怀、陈毅的共同挽词是："二十年艰难事业，即将彻底完成，忍看功绩辉煌，英名永在，一世忠贞，是共产党人好榜样；千万里山河破碎，正待从头收拾，孰料血花飞溅，为国牺牲，满腔悲愤，为中华民族悼英雄。"

▲ 1928 年彭雪枫（署名彭修道）
在《国闻周报》上发表《塞上琐记》

1941 年 9 月 6 日午后，彭雪枫在给恋人林颖的信中写道："9 月，这月份对于我有特别意义，是我生平过程中的转捩点，阴历的八月初二（往往是在阳历的九月）是我的生日（不必为外人道），1926 年 9 月 2 日是我由当时的青年团转入党的日子，1930 年的 9 月我们从长沙入江西开始建立苏维埃，而 1941 年的 9 月呢，终身大事得以决定了！这叫作'巧合'吧，我总以为我还是一个小孩子。"

而 9 月对彭雪枫更难预料的意义恐怕是，这一次成了生死的转折点，他最后牺牲在了 9 月。1926 年，19 岁的彭雪枫与几位好友在塞上游历了几个月，目睹军阀混战的惨景，"大道两旁累累的尸体"，他"凄然"于生死无常，感叹自己"这条小小的生命比中央公园里的一棵草还渺小"；他当时庆幸："这流弹也就够可怕了！偶尔听见'啪！'的一声，就不禁打个寒噤！幸而好，这类的事情，并未遇见。"18 年后，一颗流弹射中了战场上的彭雪枫。

在流弹击中他之前，他 37 岁的人生过得充实而有价值，无愧这样的评价："英名永在，一世忠贞，是共产党人好榜样。"

★

战场上的英雄：骁勇的骑士与骑兵团

1928 年，客居天津的彭雪枫翻出自己前两年的旧稿，将塞上数月的游历记录整理为《塞上琐记》，其中有一段是他凭吊焦赞墓的经历。"焦赞是《杨家将》里的一个英雄，幼时看小说，这名字印在脑里很深；凡看过'洪羊洞'这出戏的，没有不替焦赞可怜的吧？然而如今我站在他的墓顶上了，我的脑袋沸腾了！我不知道因为什么？"

也许是英魂永驻，吸引和他同样气息的人。彭雪枫描述道："这墓的四面是山。远远近近，峰头层叠。这时的日光刚刚稍斜，射在各个山峰上，一明一暗，伸展着的折扇似的。"颇有青山埋忠骨之意。此情此景，人心与英灵感通，超越时空，"四外并无村庄，更不见人影儿""神往魄去，不知所以了"！

敬仰什么，就关注什么。彭雪枫从塞上返回，到图书馆"把四月

▲二等红星奖章正、背面

份以至八月份的陈报翻出来"阅读,感慨"逝了很多素昔所景仰的人!""又添了许多素昧平生的新英雄！"

　　沧海桑田，世事变迁，关注什么，就成为什么。彭雪枫最终走上了一条英雄之路。

　　1930年首战长沙城，时任红三军团第八军第一纵队副政委的彭雪枫与纵队司令员陈毅安率领先头部队首先攻入长沙市区；1932年乐安事变，彭雪枫率15人历时13天追回被叛徒郭炳生裹胁的部队，荣获红星奖章；1935年娄山关战役，彭雪枫任红三军团第十三团团长，率部攻打娄山关，巧取制高点点金山，占领娄山关，正式拉开了遵义战役的序幕，为红军由黔西向东发展革命根据地创造了有利条件；1938

年在豫东，彭雪枫率373名战士开展抗日游击战争，采取"打""拉""防"的战略战术，6个月内就发展部队2万余人，燃起抗日烽火；1944年，任新四军第四师师长的彭雪枫率领部队在河南省夏邑县八里庄与日伪军作战，牺牲于战场……

毛泽东为之泪下："小小的八里庄，竟然损我一员大将！"

1933年8月1日，中华苏维埃共和国中央革命军事委员会在首次庆祝"八一"建军节时，举行了授奖大会。大会为中国工农红军有功人员授予一种特别的证章，叫红星奖章。其中，二等奖章为银质十角星造型，中心为一颗红星图案，上有"红星"二字，下有"章"字，为隶带篆体，图案及文字由禾穗环抱形成圆形轮廓线，授予在某次战役中曾经扭转战局而获得伟大胜利的人员。鉴于在乐安事变中的优异表现，毛泽东亲自将一枚二等红星奖章挂在彭雪枫胸前。

1932年，红军在国民党反动派重兵围攻下，一再转移，生活条件异常艰苦，形势不容乐观，对此，红二师师长郭炳生开始动摇了，萌生了叛逃的思想。1932年8月中旬，活动于江西宜黄、乐安县的红二师突遇国民党陈诚、罗卓英部大兵压境，红二师各团因过于分散，互失联络，不及集中。郭炳生趁机谎称"彭雪枫政委阵亡，陈毅司令员要部队向湖南转移"，率领红二师第五团和师特务连向抚州白区开拔，准备向国民党当局投降。

时任红二师政委的彭雪枫，率直属队及红七团辗转于崇山丛林，三天三夜无食无眠，分头突围终于进入苏区边境。得知郭炳生可能挟持第五团及特务连北入白区，为了挽救第五团，彭雪枫带领 15 名壮士潜行北上，寻找郭炳生。他们隐蔽潜行，边走边打探。终于在第五天傍晚，发现前边有一支部队，隐约望去不像是国民党的军队。这支部队在听到了彭雪枫的喊声之后，"由战备姿态变为欢迎的队形了"。

原来这支部队是五团的前哨连。"一见之下，恍如隔世，默默之中，相互表现出无言的悲凄。"此时，第五团已进入抚州崇仁县境了，北入抚州，西渡赣江，已无比接近白区。到了团部，全体干部均来慰问。"回主力去！回主力去！"是大家的呼声。

郭炳生故作镇静，但已有同志私下向彭雪枫汇报了郭炳生的可疑行动和反常情绪——"郭炳生对大家讲话，说你已经牺牲了。他这几天的行动，我十分怀疑。赣江以西的地图，他自己背起来了，谁知道他搞得什么鬼呢？起码也是躲避'四次围剿'，要当土皇帝享福！我们一定马上回去。明天就走！"

彭雪枫对郭炳生擅自行动的行为进行了批评，郭炳生见形势对自己不利，无法继续掌握部队，一边敷衍，一边伺机逃离。第二天黄昏，部队出发南返，半夜里狂风骤起，大雨如注，郭炳生带着特务连几个亲信逃往乐安投敌。

彭雪枫将第五团和特务连带离险境，经过 13 个昼夜的奋战，终于到达东韶地区与师主力会合。因飞骑追叛逆、舍身救部队，彭雪枫荣获二等红星奖章。

红星奖章与彭雪枫飞骑勇士的形象紧密地联系在了一起，这既是对他 7 年前"曾在外蒙古边草原上练过 3 个月没有鞍子的骑术"的一种追忆，也为 7 年后做了一个铺垫——1941 年彭雪枫创建骑兵团，成为他抗战的"三件宝"之一。

1941 年 7 月中旬，彭雪枫总结了津浦路西反顽斗争失利的教训："四师之所以失利受挫，一个重要原因，就是没有有效地对付敌军骑兵。论作战勇敢，敌军骑兵不如我；讲行军速度，我不如敌军骑兵，所以多次战斗四师常常陷入被动局面。"因此，他决定创建骑兵团。

在初创期，骑兵团的建设经历了负责人选定、装备补充、饲养和训练马匹制度建立、马术训练、作战动作与协同训练等多方面工作。彭雪枫选择了熟悉骑兵的内行周纯麟来领导骑兵团，周纯麟曾受党委派化名周玉龙在新疆军阀盛世才的骑兵部队学习过，且当过骑兵连长。针对马匹缺乏、马具不全、武器不足等困难，彭雪枫为团队解决了 3 万元淮北币，这 3 万元淮北币相当于全师指战员半年的菜金。

彭雪枫还亲自设计了一种新型马刀，被誉为"雪枫刀"，此刀刀身修长，比所见的马刀都长，正所谓"一寸长，一寸强"；刀背轻薄，

▲骑兵团

轻捷灵便，精钢打造，刀刃锋利，一刀劈砍下去，能把两块叠起来的钢板瞬间劈成四块，而马刀没有半点儿缺损和卷刃。当时还流传着快板书赞颂"雪枫刀"："雪枫刀，明晃晃，千锤百炼是好钢。一马扑到敌阵前，势如破竹谁敢当？杀个东西南北赵，好比关公斩蔡阳。"

经过训练，骑兵团战士对马上倒立、镫里藏身、马上拾物、倒骑马、偏骑马、马上救护、劈刀、射击等技术掌控纯熟，在团队协同表现上，人马动作整齐划一，跨越障碍娴熟自如。彭雪枫给出的作战要求是：上马像蚱蜢一样轻快，骑坐像磐石一样稳固，奔驰像风雷一样迅疾。

彭雪枫为骑兵战士亲授骑术，锤炼作风，但轮到自己却"疏忽"了。1941年12月4日0时45分，彭雪枫于灯下写信给妻子林颖致歉，说回信晚了主要是由于自己从坐骑上摔下来了，左手跌肿，尚未全消。事情是这样的，"怪那匹'火车头'[1]我送给军长了，三天他骑不上，

▲彭雪枫和他的坐骑"火车头"（薛伯青摄）

又送还了，变了脾气，大概是怪我不要它了吧！刚一上去，冷不防后脚一踢把我摞下来了，幸而还没有跑，否则会跌得更重些。我自己封我是一名'骑士'，因为我曾在外蒙古边草原上练过三个月没有鞍子的骑术。这一下骑士丢人了。"

　　骑兵团凭借着过硬的战斗力在淮北战场上取得了一连串的胜利，为保卫和巩固苏皖边区抗日根据地发挥了重要作用。

　　1942年夏天，淮北平原进入夏收阶段。有消息称沙山集据点里的300多名日伪军正在水牛刘家村中抢粮，彭雪枫指示骑兵团"一定要等敌人出村远点再打，这不仅可以发挥我师兵工厂制造的长马刀的作用，还可以避免子弹误伤人民群众"。于是，骑兵团第三大队迂回过去切断敌人的退路，第一大队向日伪军直扑过去，抢占村子，将敌人逼到

----

[1] 彭雪枫的坐骑，因跑得飞快，故名。

开阔地进行围歼。

　　骑兵团平日里最重视乘马斩劈训练，通常在200米距离上设置立姿、卧姿目标9个，骑手纵马袭步前进时挥刀或劈或刺。所以，围歼过程中，只见骑兵战士催马飞驰，舞刀猛劈，很快冲乱了敌人的队形，仅9分钟，300余日伪军即被骑兵团马刀砍倒大半，80余人当了俘虏。

　　1945年初，摄影师薛伯青受命前往淮北根据地，除了拍摄彭师长追悼会纪录片，还有一个任务就是拍摄骑兵团，作为对彭雪枫的纪念。

★

文化上的先锋：拂晓剧团与拂晓报

　　1938年盛夏，中国的抗日战争正经历着最艰难的时刻。侵华日寇向中国腹地疯狂进犯，徐州、开封等地相继陷落，中原危在旦夕。此时，八路军驻晋办事处主任彭雪枫临危受命，带领一支373人的武装，在敌后的豫皖苏地区建立抗日武装和革命根据地。

　　3个月后，这只小部队增加到两万余人，当数据汇报到延安时，机关人员要求他们重新核计人数，当第二次统计结果传回延安后，全军为之震惊，3个月中兵力增长几十倍，无人能及。此后短短几年间，这一支最初仅几百人的队伍发展成数万之众的新四军精锐第四师，靠的

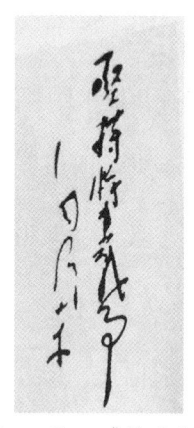

▲ 1938 年 10 月，《拂晓报》创刊，毛泽东于 1939 年 12 月为《拂晓报》题词

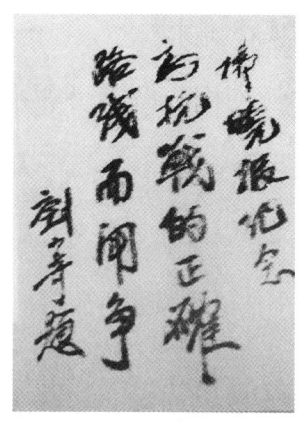

▲ 刘少奇为《拂晓报》题词

是彭雪枫的"三大法宝"：一是军事上组建骑兵团；另两大法宝是开辟文化战场——创办《拂晓报》和拂晓剧团。

彭雪枫亲自为报纸和剧团命名、题词："'拂晓'代表着朝气、希望、革命、勇敢、进取、迈进、有为，胜利就要来临的意思。军人们在拂晓要出发，要进攻敌人了。志士们在拂晓要奋起，要闻鸡起舞了。拂晓催我们斗争，拂晓引来了光明。"

部队向淮北进军时，彭雪枫把缴获的敌人物资中的两匹绿绸子全部送给剧团。剧团用这两匹绿绸子做了前幕，前幕正中缝有"拂晓剧团"4 个大字，前幕的左下角缝制了"站在高岗上，面对鱼肚白的晨光引颈长鸣"的"雄鸡报晓图"，作为剧团的团徽。

由于剧团驻地离司令部很近，彭雪枫有空就会去剧团看看。每逢新剧目上演，他总是第一批观众中的一员。他谈自己的观感，多半给予鼓励，但对于不足之处或严重错误，也会毫不留情地批评。在彭雪枫的指导下，拂晓剧团编演了一批优秀的革命剧目，不仅激励了部队指战员的斗志，也宣传了中国共产党的主张，鼓舞了广大人民群众的抗日热情，年轻人有来参军的，也有来参加剧团的。

早在太原做统战工作时，彭雪枫就已经意识到了文化建设的重要性。他常常去看话剧与电影，随时记录心得，对于主题立意、剧情结构、人物表演、语言表达等方面的鉴赏能力极强。1937 年 2 月 15 日（正月初五），彭雪枫在日记中提到了当天所看的 3 部剧：

"晚六时半到文庙民众教育馆看'公余剧团'演话剧，票价五分。计三部；一为《一个没有户籍的人》，内情是一个从事伟大事业的人被捕入狱，狱长向之调查姓名籍贯，彼不实告，终将话说服感动了也是穷人出身的狱长，放了他，狱长也逃走了。二人对话独幕剧，穿插虽不复杂，但言辞剧情极紧张。一为《街头人》，内情是夫妇穷困，女人偷人钱袋，男人知道后送给警察。儿子终饿醒了，男人晕倒。也是二人对话独幕，但十分松懈。饰女角者呆板，拙笨，毫无表情能力。一为《住居二楼的人》，写一工人被穷困所迫进行偷窃，被主人发觉，亦即摆布他的律师，但律师之妻对之表同情。三人对话，意义颇好，但结局不佳。饰律师之妻者，表情、对话均入神入妙。"

▲ 1941 年拂晓剧团演出　　　　　　▲ 1942 年拂晓剧团在部队演出话剧《丁赞亭》后合影

　　1942 年，中共中央开展延安整风运动，学习文件与参考文件共有 22 份，统称 22 份文件。苏联作家高涅楚克的多幕话剧《前线》是参考文件之一，拂晓剧团排演了这个剧目。在排演过程中，负责服装的同志很犯难，对于苏联红军军服完全没有认知，帽徽、肩章、勋章具体什么样？后来还是在彭雪枫的藏书中找到了答案。在几本《时代周刊》和《卫国战争画报》中有不少军事图片，从将军到士兵的服装样式、各种军衔符号，甚至列宁勋章、红旗勋章都有，问题迎刃而解。

　　彭雪枫有许多藏书，涵盖政治、军事、历史、哲学、文学、医学等各领域。他的军队文化建设实际上是从自身的文化需求开始的。彭雪枫在 1941 年 12 月 6 日给妻子的信中提到阅读鲁迅的必要性，"多读不仅在文字之技巧上有益处，更可加强自己之修养。1932 年以前的鲁迅的文章小说几乎每篇我都读过，彼时虽为大兵生活，但对我在写

▲ 1938 年拂晓剧团表演劳工舞　　▲ 彭雪枫与《拂晓报》工作人员合影

作的锻炼和意志的修养上帮助实多"，他认为，"一个共产党员，应该要能说会讲，而又善于写作，下笔千言，倚马立待"。

彭雪枫 15 岁离家，在求学期间，曾因经济困难而失眠，"独自在被中饮泣"，又因有他人接济而"兴奋"得"失眠了一夜"。1942 年 3 月 19 日，他看完曹禺的《日出》后颇为感慨，给妻子写信回忆了自己的心路历程，"想想，我怎么能够忍心不苦读呢？一面放哨，一面偷偷读书是常事，追求知识如饥如渴，几乎见书必读，逢报必看，从那里算是扎下了今天的文化水平的基础"。

彭雪枫对于书籍有一种特别的热爱："从上海寄回一大批书，琳琅满目，令人神飞！鲁迅的三十年集，全部摆在桌子上，朋辈一来，即相翻阅，此中大有乐趣！此外如巴金之《家》《春》《秋》三部曲，以及《大地》、《子夜》、达夫代表作、《论语与做人》等一大堆，我喜欢极了！书报一到，在我，等于'有朋自远方来，不亦乐乎'了……"
（1942.5.16写给妻子的信）"上海送来的《资治通鉴纲目》共十二函
计百余大本，又在别处搜集些古文释义之类，古书将要堆满屋子了。
此种古色古香古味，到别具风趣，知识之在我，向来是如饥如渴的。"
（1942.8.18写给妻子的信）

　　彭雪枫能够真正享受读书的乐趣，亦能体会读书对于精神生活之
必要性。"《孙子兵法》十三篇，已读七篇，且已成诵，对这些书，
我决朗诵多遍以求得会背。学习是非咬牙不可了。"（1942.6.28写给
妻子的信）"这些日子，我没有放弃读书，而且正是学习的好机会，
我每天能够争取四个钟头的时间读书，已经读完了……将要读的是……
假如时间还充足的话，继读二十二个文件，并精读《战争论》。战争
情况下读书，别有风趣，亦颇有心得。"（1942.11.26写给妻子的信）
"说来惭愧，堂堂文豪高尔基，除了读了他的短诗《海燕》外，《母
亲》还是开宗第一部，实在太寡陋了！……我还读了古词《西厢记》，
又正读着《燕子笺》。我恨不得将最著名作品于最短时间一齐装进头
脑里去。越读书越感到自己的贫乏！"（1942.12.3写给妻子的信）

　　彭雪枫有两枚专用的读书印章，一枚是"书有未曾经我读"，凡
新来的书先盖上这枚印章，经他看过或审阅过的书，再盖上"有书大
家读"，就可以对外借阅了。彭雪枫为自己制订了严格的读书计划，

▲彭雪枫与林颖

在军队里倡导一种读书生活，更鼓励妻子读书。

　　彭雪枫的终身大事是经同志介绍，先与林颖互相通信确定恋爱关系而后步入婚姻生活的。彭雪枫的爱情观在给林颖的最初两封信里都有表达："我是一个十分平凡的共产党员，有许多缺点，很需要一位超过同志关系的同志，更多的了解我，才能更多的帮助我，也才能更多的相互帮助。""我想，我俩是为了党的事业，为了革命的伟大的爱！相互帮助，相互鼓励，相互安慰，使我们的事业更前进些更收获大些，这应当是我们的神圣的目标，有了你，我足以自豪了！"

　　所以，读书求进步一直是他们生活的一部分。由于战地生活使两人不常见面，所以彼此分享读书体会便成了信件来往的主要内容，彭雪枫写给林颖的第二封信末就提道："先送上《列宁传》一册，《什么是列宁主义》一册，你先看，这里的书半年之内你是读不完的，只要你有功夫。"

为了在紧张的工作之余还能读书写作，彭雪枫特地开辟了一个"密室"，为自己创造条件。"很僻静，每逢读书或写东西，我要躲到'密室'里去。最近，在桌上的备忘纸片上写着准备要写的文章题目……"（1941.12.6写给妻子的信）所谓密室，是部队驻地半城镇的东部的一座古庙，彭雪枫选定了庙中的两间空房，在里面摆上桌椅，让自己能够安心读写。而且，他还邀请妻子一起来读书，"东庙里，我已挂上幕布，糊上窗纸，春秋多佳日，正宜读书，欢迎你秋节来。"（1942.9.14写给妻子的信）

夫妻一同进步，彭雪枫在与林颖结识的第10天就表达了基本的恋爱观，"人都有其优良的一面和缺陷的一面的，两面相照，发展其优良的一面，同时又要扬弃其缺陷的一面。主要靠自己，同时靠他人。只要对方在基本上是可爱的，是值得可爱的，那就够了，把功夫用在相互帮助、相互教育、相互鼓励上。这是我党对待同志的态度，也是恋爱双方互相对待的态度"。（1941.9.14写给妻子的信）

为此，彭雪枫也常常在信中给林颖提一些建议，比如标点使用恰当与否、字词的写法规范与否、内容上是否言之有物等，真心表达一些实在的忠告，"你是个聪明人，也是个进取心雄厚而又肯听话的人，上面写了一大套，措词或不免于偏激，但意义是正大的，是与人为善的，是治病救人的，请你三思而后行！年纪一天天的长大，不能再麻糊下去了！"（1943.7.29 写给妻子的信）

正是有感于文化的力量，彭雪枫对文化的追求与建设才变得如此热切。1938 年 9 月，新四军在一无饷源，二无后勤供应，生活极其艰难的条件下，单单靠着两支铁笔、两块钢板、两筒油墨、一把油刷、一块木板和半筒"高乐牌"蜡纸，硬是办起了《拂晓报》。

彭雪枫创立《拂晓报》并在该报发表以革命为主题和战术指导的文章 60 余篇，为革命斗争提供了精神力量。1940 年 5 月 10 日、13 日《拂晓报》上连载了彭雪枫在五一节纪念会上的演说，结尾处洋溢着革命必胜的坚定信心和对社会主义、共产主义的积极憧憬：

"我们要团结，团结得像一个大铁球，日本帝国主义打不破，顽固分子也碰不碎。反而倒把他们碰碎了，这个力量这个铁球，一定要把帝国主义撞出去，一定要把封建势力撞坍台，这个铁球到处滚，一定要把新民主主义滚出来，一定要把三民主义的新中国滚出来，而且还一定要向前推，推到最自由最幸福最美满的社会主义社会，一直到共产主义社会。"

1946 年夏《拂晓报》出至 1 000 期后，中共中央决定将其改名为《雪枫报》，以纪念 1944 年 9 月在河南作战牺牲的彭雪枫。

附：家书一封

楠[1]：

决心是果断的具体表现，我俩应为我们的前途庆幸！方式虽由于"介绍"，然而"爱"乃是由同志关系、政治条件、工作利益、双方前途，特别是性格与品质、相互印象诸复杂因素而自然促成的，而逐渐浓厚起来的。尤其是在击破困难、排除波折之过程中而更会浓厚起来的。倘若"轻易"而成，当不会事后回味之深长吧？比如我们的事业，要不经过艰难缔造的奋斗过程，那么巩固和壮大的程度当不如我们愿望的那样伟大吧。当然，一种小资产阶级的恋爱观，是另一种——花前月下卿卿我我，这究竟是小资产阶级的呀！无产阶级先锋队则不然，这首先建立在政治上、工作上、性情上和品格上自然同样也有花前月下，然而已经不是卿卿我我了，而是花前谈心，月下互勉，为了工作，为了事业，为了双方的前途！你同意我的话吗？我想同意的吧！因为你已经在做着了。

---

[1] 即林颖。

　　我郑重提出：双方对对方的希望上，千万不要"过奢"，尤其是在今天，在初恋，在恋爱定局之初期，俗话说：情人眼里出西施。一般人对他的爱人，是不容易看到缺点的，所以在起初，感情无限好，但日久天长，弱点逐渐暴露，情感就会淡了，因为这里头没有辩证的观察问题，更没有辩证的认识问题，当然也不会有正确的方法去解决问题了。人都有其优良的一面和缺陷的一面的，两面相照，发展其优良的一面，同时又要扬弃其缺陷的一面，主要靠自己，同时靠他人。只要对方在基本上是可爱的，是值得可爱的，那就够了，把功夫用在相互帮助、相互教育、相互鼓励上，这是我党对待同志的态度，也是恋爱双方互相对待的态度。倘若能够这样，则双方情感不仅不会越来越淡，相反必会越来越浓，以至白头偕老的。古人说"君子之交淡若水"，然后才能永才能长。夫妇相敬如宾，然后也才能永才能长！这里头包含着"哲理"的，你品品它的滋味。

　　在上述基本观点和基本态度之下，我们相爱了，这种爱才是最正当最伟大最神圣的！同时也必能是最坚持最永久的！

　　所以，你对我的认识和了解，我知道乃是基于政治、党性、品格，而不是什么地位，地位算什么东西呢？同时，要求你，你必须还要了解我的另一面，急躁、激动，工作方式方法上之不够老练，对人对物有时过于尖锐，使人难堪，对干部有时态度过于严肃，加上某些场合下的不耐烦，使人拘束，涵养不到家，这一切都是我自己实行自我批判自我斗争，而同时请求你在更接近更了解的情况下帮助我去纠正的。对于你，聪明、豪爽、忠诚、多情、不怕危险困难而忠于党，这是好的一面，优良的一面，可是在另外的一面，高傲、虚荣心——像你所说的，再加上还欠切实，正是你的缺点，却需要你来努力克服的，倘若有了彻底认识，克服虽然必须一个过程，相信是会收到完满成果的。

我希望你的（虽然你已经在做着）是：

（一）加强自己思想意识上的锻炼。你的家庭生活环境熏陶着你，带来了非无产阶级的某些意识。在党对你不断的教育中，特别是在敌后两年烽火的斗争中已经锻炼的使你更坚强起来了，然而进步是无止境的，还需要加倍努力！最近党中央关于增强党性的指示，是我党自有历史以来最有意义最有教育价值的文献之一，你必熟读，妥为笔记，而主要还依靠于左右同志们的相互坦白检讨。区党委会有具体指示，如何去检讨的，特别应当参考着洛甫[1]的《论待人接物》那篇文章，胡服[2]同志《论共产党员修养》小册子，这对于我辈为人为党员为一个革命家，有着决定的作用的。

（二）留心政治，养成对政治的浓厚兴趣，一切应由政治观点上去观察问题。政治是任何一种工作职业的同志所必须具备的，理论修养之外，尤须注意政治形势，根据形势布置工作，分析形势推动形势改变形势，要多多的经常的在这方面用心下功夫啊！报纸电讯不应该放过一个字，一条新闻不能单纯看作一件新闻，而应分析它的实质。先从近处做起，渐而至于国际形势，抱定志向，做一个最实际的政治工作者，有修养的政治工作者。

（三）待人接物上，不要过于锋芒外露，大方之中含有脑腴。我始终没有忘记过一次毛主席在我外出进行统战工作时临别叮嘱的一句话："对人诚恳是不会失败的！"这句话今天拿来送给你，共

---

[1] 即张闻天。

[2] 即刘少奇。

同勉励吧。我总在惦记着 × 和 ×，特别是 ×，你今后对他的态度应该格外慎重，保持着同志的友谊，丝毫显不出所谓"裂痕"，使对方自觉的了解这是不得已的不得已，没有法子的事呀！应当不要忘记对他的安慰。同时又必须估计到，他是不会马上对你完全谅解的，即如一般女同志，特别是那些对你有了成见的人，在她们一闻风声之后，必有一番冷言冷语，一定有的，比如什么首长路线，诸如此类，你必须格外冷静，特别持重，不动声色，若无事然。即便是我，难道就保证无人说闲话么？不会的，我已经准备着"以不变应万变"了！凡是这样的事，首先还是决定于自己，像瑞龙同志所说的。忍耐些吧，一个风潮之后，就会逐渐平息的，注意我们的态度，我们的语言，我们的待人接物。更谦逊些，更诚恳些，更大方些，更刻苦努力些！

（四）工作，越下层越好锻炼，越深入越能具体了解，也就越能正确解决问题，越能建立信仰。女子生下来长大了是革命的，是工作的，是为大众谋利益的，而不是为的什么单纯性的问题。女子应有其独立的人格，更应有其培养独立人格的场合和环境。即便结婚了之后，我还是主张你应有你的独立的工作环境，我无权干涉你，也不会干涉你。

（五）你写得很好，你应该努力学习写作，记日记，写文章，把材料系统的组织起来写在纸上，这就是文章。要具体材料，不要空洞说理。要提高文化水平，要加强理论修养。你还年轻，我希望你工作之外又是作家，必会有一天，你是一个帮助我写作有力助手！

亲爱的同志！一切美满的愿望，都是建立在政治、理智、情感、热心、努力、互助、互谅之上的！

保重你的身体！

送上《社会科学基础教程》一本

枫

9 月 14 日

附：相关链接

1. 彭雪枫纪念馆

位于河南省南阳市镇平县城东北隅，纪念馆前为雪枫广场，后为主体建筑。由广场、碑亭、碑廊、绿化区、瞻仰大厅、展室、文物库房、办公区等 8 部分组成。主体建筑内设 5 个展室 1 个报告厅。一楼为基本陈列展《彭雪枫将军生平事迹展览》，分 3 个展室，共展出图片 650 余幅，实物 50 余件，用 14 个部分展示将军的生平。

2. 新四军第四师纪念馆

坐落在河南省南阳市城北 20 千米豫皖交界处，原为新四军第四师司令部旧址，是全国 19 个抗日民主根据地之一，是刘少奇、彭雪枫、张爱萍、张震等人战斗、生活过的地方。1994 年 5 月 2 日，中央军委副主席、原四师参谋长张震来新兴集故地凭吊，命名并题写了"新四军第四师纪念馆"馆名。纪念馆包括刘少奇旧居、张震旧居、拂晓报社旧址、参谋处、机要室 18 间，并有历史图片和革命文物展。

3.《彭雪枫家书》，林颖编，文物出版社，1985 年初版，1995 年再版

1941 年 9 月，彭雪枫在淮北抗日民主根据地与林颖同志结婚，婚后 3 天，他们就奔赴各自的战斗岗位，长时间两地分居，靠书信抒发他们的情感与志向。这就是他们书信来往频繁的原因。《彭雪枫家书》收录了林颖同志保存的彭雪枫同志写给她的 80 余封家信。

这批信件诞生于连天烽火的中华民族解放战争年代，反映了当时国际国内的形势，对新四军第四师及淮北抗日民主根据地的军事斗争、整风运动、统战工作、民运工作等的记述十分具体，对彭雪枫亲自指挥的多次战斗，如陈道口、山子头、33 天反"扫荡"、张大路等战斗的记载尤为翔实。它为史学工作者研究新四军第四师和淮北抗日民主根据地的创建与发展提供了极为难得的第一手资料。

《彭雪枫家书》中用大量的篇幅谈了革命者该如何加强自身思想意识的锻炼与提高自我修养。一个决心将自己的一切都献给人民、献给革命事业的无产阶级革命战士，应该怎样看待生活，怎样看待爱情，怎样对待同志，怎样对待批评和自我批评，怎样学习，怎样处理革命与家庭的关系……这在《彭雪枫家书》中都能找到答案。所以，这些信件，是彭雪枫留给后人的宝贵的精神财富。